proceso

# Manual de estilo

**CISA** Comunicación e Información, S.A. de C.V.


**Director**: Rafael Rodríguez Castañeda

**Título:** Manual de estilo de **Proceso**

**Autor**: Sergio Loya

**Colaboradores:** Subdirección de Información (Salvador Corro); Coordinación de Edición y Corrección (Alejandro Pérez)

**Diseño**: Departamento de Diseño (Alejandro Valdés Kuri)


ISBN: 978-607-7876-00-7

Primera edición: 1998
Primera reimpresión: 1999
Segunda edición: 2009



**Proceso:** Fresas 13, Colonia Del Valle
Delegación Benito Juárez
CP: 03100, México, DF
Tels. 56-36-20-00 y 55-75-23-30

# Índice


Prólogo ........ 7

Introducción ........ 9

I. Código ético y normas generales ........ 13

II. Cualidades del estilo ........ 27

III. Comillas ........ 33

IV. Guiones y rayas ........ 39

V. Itálicas o cursivas ........ 45

VI. Mayúsculas ........ 51

VII. Abreviaturas, signos y datas ........ 57

VIII. Siglas y acrónimos ........ 61

IX. Números ........ 67

X. Diccionario de dudas ........ 75

XI. Léxico ........ 175

Apéndice: Siglas y acrónimos ........ 183


**Nota:** Siempre que en el presente manual se menciona la palabra **Proceso**, es en referencia al semanario, a la **Agencia Proceso de Información** (**Apro**) y al sitio electrónico **proceso.com.mx.** Cuando aparece en itálicas el término *Diccionario,* se alude a la vigésima segunda edición del *Diccionario de la lengua española* (Espasa, 2001).

# Prólogo

En 1998, **Proceso** publicó por primera vez un manual de estilo con el propósito de recoger, en un pequeño volumen, el conjunto de normas periodísticas, éticas, editoriales y gramaticales que se fue creando desde la fundación del semanario con base en el quehacer de sus reporteros, redactores, articulistas, columnistas, colaboradores externos y editores.

Desde entonces, el *Manual de estilo de **Proceso*** ha sido material de trabajo y de consulta permanente de nuestra planta de redacción, pero debido a la demanda que tuvo en otros ámbitos, como en universidades y planteles educativos dedicados a la comunicación, se puso de venta al público una reimpresión que pronto se agotó.

Ahora, coordinado, investigado y redactado por el editor Sergio Loya –al igual que la primera versión–, el *Manual de estilo de **Proceso*** de 2009 pone al día el anterior y lo duplica en extensión, con aportaciones de editores, correctores y de todos aquellos que tomamos parte en cada una de las etapas de elaboración del semanario, de la Agencia **Proceso** de Información (**Apro**) y de su servicio en línea.

Enriquecido y modernizado en su concepción y realización, el *Manual de estilo de* ***Proceso*** de 2009 –fruto de la eolución de un medio de comunicación que, originado en el siglo XX, ha puesto la mente y el corazón en el XXI– constituye un esfuerzo editorial que se sobrepone a los dramáticos acontecimientos que, en los últimos 10 años, han marcado al país en su conjunto y a la prensa que ha intentado reflejarlos con fidelidad.

Además de incorporar muchas de las nuevas normas aprobadas por la Real Academia Española, con no pocas salvedades que ha impuesto el uso de la lengua en México, se pretende que el nuevo *Manual de estilo de* ***Proceso*** cumpla la misma doble función que su antecesor:

Hacia adentro, reafirmar el compromiso ético que ha regido la política editorial de **Proceso**; adaptar el estilo periodístico a los nuevos tiempos, a la evolución de la lengua y a las tecnologías emergentes, pero, sobre todo, procurar una comunicación eficaz ajustando las técnicas de los diversos géneros periodísticos y aplicando en la redacción, edición y corrección, las cualidades del estilo.

Hacia afuera, con fidelidad y transparencia, **Proceso** ofrece a los lectores del presente manual una ventana hacia nuestro trabajo cotidiano y hacia nuestros principios fundamentales, así como un recurso para mejorar el desempeño periodístico, la escritura o redacción y los oficios de edición y corrección.

En cuanto a la posición editorial y calidad de contenidos de los medios que, desde el 6 de noviembre de 1976, se han venido sumando al proyecto original, cada semana –y, también cada día, con su agencia de información–, **Proceso** se somete al más severo y único juez que reconoce: el lector.

**Rafael Rodríguez Castañeda**

# Introducción

De las alrededor de 6 mil lenguas practicadas en el planeta –se calcula que han desaparecido unas 10 mil–, los periodistas mexicanos tenemos que entendérnosla con una, el español, que conservadoramente dispone de unas 300 mil voces en circulación.

Como de esos 300 mil vocablos el habla común no emplea arriba de 5 mil, en el periodista recae parte de la responsabilidad social –al igual que en los escritores, maestros y comunicadores en general– de preservar, enriquecer y perfeccionar el idioma, más allá de su labor informativa.

A nuestro juicio, la tarea del periodista mejoraría notablemente si el reportero, el redactor, el corrector, el secretario de redacción, el articulista, el editorialista y el editor dedicaran a la palabra al menos la décima parte del tiempo que invierten en la información.

Sin embargo, la mayoría de las veces pareciera olvidarse que un cierto dominio del lenguaje es indispensable para describir el comportamiento de una muchedumbre, *pintar* un paisaje, reflejar la complejidad del estado anímico de un entrevistado o destacar en su contexto la declaración o pronunciamiento de un político.

Una falla semántica, un problema sintáctico, e inclusive una falta ortográfica de acentuación o puntuación, pueden alterar por completo el sentido de un escrito, al punto de expresar lo contrario de lo que se pretendía.

A enfrentar y resolver los problemas del uso del idioma más frecuentes en nuestros servicios informativos –tanto en el semanario como en **Apro** y en la página web– se dedica sobre todo este *Manual de estilo de **Proceso***, que en su primera edición obtuvo la aprobación de dos de nuestros más grandes defensores de la palabra: Henrique González Casanova y José Luis Martínez.

Al tener en 1988 un ejemplar de la primera versión de este libro en sus manos, Henrique González Casanova comentó sobre uno de sus apartados, que se mantiene casi idéntico aquí: "El método del *Manual de estilo de **Proceso*** para lograr una buena redacción, resumido en el capítulo *Cualidades del estilo*, es el más breve y más completo que he leído".

A su vez, el entonces director de la Academia Mexicana de la Lengua, José Luis Martínez, al serle presentado el manual para su revisión antes de imprimirlo, se mostró de acuerdo en que desatendiera algunas de las normas ortográficas recientemente aprobadas por la Real Academia Española (RAE) –una de ellas era la referente a "la coma decimal"–, y sugirió incluir, en el capítulo dedicado a la escritura de los números, las siguientes líneas (aplicables únicamente cuando no es posible recurrir al sistema mixto de escritura de las cifras):

"Emplearemos entonces el apóstrofo (') para los millones, la coma (,) para separar los miles y el punto (.) para los decimales: 5'426,500.17." (Ver el capítulo *IX. Números.)*

Reflejado en el *Índice de mexicanismos* que publicaron la Academia Mexicana de la Lengua y el Fondo de Cultura Económica –en cuya preparación colaboró el autor de estas líneas–, ese mismo espíritu, que impide la dictadura de la norma peninsular sobre el uso del idioma en México, se amplifica en la presente edición del *Manual de estilo de **Proceso,*** que triplica la extensión del código ético y normas generales de la primera versión, mejora las cualidades del estilo, reglamenta y uniforma el uso de las comillas, los guiones, las rayas, cursivas, mayúsculas, abreviaturas, signos, datas, siglas, acrónimos y números, además de desarrollar un capítulo (el *X. Diccionario de dudas*) que en esta versión cuadruplicó en extensión al de la primera.

Aunque no son pocas las definiciones y recomendaciones del manual que fuera del oficio periodístico y de las fronteras de México podrían generar ciertas objeciones, advertimos a los usuarios y lectores de esta obra que, una vez concluidas la investigación y redacción que le dieron forma, se sometió a la consideración del director, el subdirector, los editores y los correctores de **Proceso, Apro** y la página web.

En estas páginas fueron suprimidas o modificadas algunas prescripciones de la primera edición del manual porque tuvieron poco eco o porque la última versión del *Diccionario* de la RAE y el *Diccionario panhispánico de dudas,* con mucha mayor apertura y flexibilidad, validaron vocablos que, antes, los académicos habían impugnado.

Tanto en el *Diccionario de dudas* como en el último capítulo del manual, *XI. Léxico* –dedicado éste a nuestras opciones lexicográficas con sus grafías–, preferimos siempre, en el orden que se indica: los usos panhispánicos inobjetables y generalizados, los mexicanismos ampliamente difundidos y justificados, los extranjerismos arraigados en México con su grafía correspondiente –aunque la RAE los rechace o los altere–, las observaciones del *Diccionario panhispánico de dudas*, y, por último, algunas de las nuevas aportaciones del *Diccionario de la lengua española* que, no obstante su actual proceso de modernización y tolerancia, sigue rezagado respecto de los vertiginosos cambios que registra el habla actual aunque buena parte de ella terminará, como ha ocurrido siempre, imponiéndose algún día.

Mientras tanto, el *Manual de estilo de **Proceso*** –que culmina con el apéndice titulado *Siglas y acrónimos* para indicar las grafías y significados de algunas de las más socorridas formas de abreviación– tiene el propósito de conseguir una mejor comunicación y uniformidad en el uso del lenguaje sin lesionar la unidad idiomática del español pero también sin acallar el habla viva de la gente.

**Sergio Loya**

# I. Código ético y normas generales

**1.** El documento *Ética del periodismo,* aprobado por la Asamblea Parlamentaria del Consejo de Europa e incorporado al Código Europeo de Deontología, establece, entre otros, los siguientes principios que adoptaremos en **Proceso**: Los periodistas no estarán en connivencia con los poderes públicos o con los sectores económicos; no emprenderán trabajos de investigación con el propósito de realizar campañas periodísticas; no ejercerán su función con el fin de adquirir prestigio o influencia personal; respetarán la presunción de inocencia de los acusados y rectificarán las informaciones falsas o los errores cometidos a la hora de escribir.

**2.** Los reporteros de **Proceso** mantendrán su compromiso de ventilar las prácticas u omisiones que obstaculicen o violen los principios de la democracia, la justicia, los derechos humanos y el estado de derecho: fraude electoral, comicios inequitativos, desigualdad y desprotección sociales, corrupción, autoritarismo, represión, tortura, impunidad, negligencia, demagogia, monopolismo, patrimonialismo, nepotismo, opacidad, etcétera.

**3.** Ningún integrante de las áreas de redacción podrá suprimir alguna parte esencial de un texto o imagen con el fin de causar algún perjuicio o beneficio a una empresa, partido, dependencia, organismo o persona en particular.

**4.** Aunque los reporteros ejercerán y defenderán siempre la libertad de expresión, aplicarán mecanismos de autorregulación que eviten el chovinismo, la xenofobia y la discriminación.

**5.** Si se difunde una nota sobre una persona que ha sido acusada de un delito y es finalmente exonerada, **Proceso** dará cuenta también de este hecho y reproducirá las faltas que se imputaban al acusado.

**6.** El reportero deberá estar oportuna y debidamente informado, pues ello le permitirá determinar la actualidad de la información recabada, su trascendencia política, económica, social o cultural; lo anormal o inusitado de los hechos y los cambios que éstos introducen en las diversas relaciones de la sociedad.

**7.** Cuando en una información haya datos diferentes o contradictorios, se harán las entrevistas y consultas procedentes para confirmarlos o descartarlos. Ante las posturas divergentes, el reportero no dejará traslucir sus posibles simpatías por alguna de las partes.

**8.** Si el caso lo amerita, se pedirá a los declarantes ofrecer pruebas de sus afirmaciones –documentales, testimoniales, etcétera– y se entrevistará a las contrapartes si las declaraciones involucran situaciones delicadas.

**9.** En las notas informativas, que constituyen el último reducto de la máxima objetividad periodística posible, eliminaremos toda valoración subjetiva, procuraremos que su estructuración no sea tendenciosa y jamás omitiremos datos significativos, aunque contradigan nuestras opiniones y preferencias. La entrevista, la crónica y el reportaje, por su naturaleza, admiten en mayor medida la valoración y el juicio del redactor, pero aun en estos casos seremos muy escrupulosos en el análisis de los textos para suprimir excesos.

**10.** Pese a que en México existe un sistema judicial inoperante, el reportero evitará realizar investigaciones con procedimientos policiacos y erigirse en juez, pero hará indagaciones periodísticas exhaustivas de los casos que lo ameriten, sin entorpecer la actividad de las autoridades ni recurrir a suplantaciones, al disfraz o a la sustracción subrepticia de documentos o evidencias.

**11.** En las informaciones policiacas se hablará de "presuntos responsables", "sospechosos" o "acusados" cuando los implicados no hayan sido sentenciados; pero se podrá llamar también "presuntos" (delincuentes) a quienes fueron sentenciados en un proceso judicial dudoso.

**12.** En los casos de personas secuestradas que sean mantenidas en cautiverio, se tendrá especial cuidado para evitar que los datos y las frases utilizados pongan en peligro la vida de las víctimas.

**13.** Las violaciones sexuales, suicidios y delitos cometidos por menores de edad sólo serán difundidos cuando sean de interés general, y los nombres de las víctimas y actores únicamente se publicarán con autorización de sus familiares o cuando ya hayan sido dados a conocer por otros medios.

**14.** El reportero rechazará las presiones y amenazas de personas o grupos empresariales, políticos o policiacos para publicar algo conforme a sus intereses o para no difundir alguna información que les afecte. Previa notificación al cuerpo directivo de **Proceso**, podrán darse a conocer públicamente esas presiones o amenazas.

**15.** Si alguien es obstaculizado en su labor informativa por una dependencia o funcionario, puede mencionarse en la nota de que se trate, pero ello no significará que nunca más se les solicite información.

**16.** Sean grabadas o no, las declaraciones de un entrevistado no se reproducirán literalmente, con todos los defectos sintácticos y de dicción en que incurra el personaje, excepto cuando dichas anomalías tengan un sentido periodístico. Por consideración a los lectores, no sólo es válido enmendar las formas de expresión del declarante, sino también resumir ideas y frases rebuscadas para su mejor comprensión, siempre y cuando no se altere el sentido o el espíritu de lo dicho por el entrevistado.

**17.** Sólo admitiremos la reproducción de vulgaridades u obscenidades si tienen un sentido periodístico, y las palabras correspondientes se escribirán con todas sus letras, sin recurrir a los puntos suspensivos.

**18.** Se acudirá al máximo de fuentes posibles para confirmar o descartar un hecho, huyendo de la malevolencia o la opinión interesada del entrevistado.

**19.** El reportero respetará el compromiso de no divulgar información que le hayan proporcionado *off the record,* pero si ésta es de indudable interés público buscará documentos o nuevas fuentes que puedan sustentarla o acreditarla para proceder a su difusión.

**20.** Cuando una figura pública sea acusada legal o verbalmente de algún delito o de una conducta irregular, se le buscará para tener su versión. En caso de no encontrarla, o de que se niegue a ser entrevistada, se consignará en el texto.

**21.** Las notas de color podrán aprovechar algunos hábitos, gestos o defectos de las personas mencionadas para dar vivacidad al relato, siempre y cuando no sean puestas en ridículo.

**22.** La política editorial de **Proceso** respeta el derecho de su personal a militar o simpatizar con algún partido político, pero el periodista está obligado a mantener la mayor ecuanimidad e imparcialidad a la hora de escribir sobre un suceso que involucre a la corriente de su preferencia.

**23.** El reportero se abstendrá de abordar asuntos informativos donde tenga algún conflicto de interés, pero si es víctima de un abuso, ilegalidad o injusticia relevantes propondrá realizar una nota sobre su caso y otros similares.

**24.** El periodista de **Proceso** rechazará de sus fuentes regalos costosos que pudieran comprometer el ejercicio ético de su oficio, y se negará a realizar cualquier nota o reportaje con propósitos publicitarios.

**25.** Al redactar un trabajo periodístico, se mencionarán el contexto de los hechos y los antecedentes de los personajes si ayudan a la comprensión de los sucesos. La finalidad: que los lectores no familiarizados con los datos tengan elementos de juicio suficientes para evaluar la información.

**26.** El redactor no usará la primera persona del singular ni asumirá el papel de protagonista de los sucesos que refiere, excepto cuando sea indispensable para reflejar la situación.

**27.** Ante un caso que pueda poner en riesgo la vida o la integridad del reportero, éste puede negarse a abordarlo o solicitar la publicación del mismo sin su firma.

**28.** Buena parte de la información sólo es aportada por personas que no quieren verse involucradas o afectadas por sus consecuencias. Evítese, en estos casos, atribuirla a fuentes "confiables" o "dignas de crédito". Debe recurrirse a fórmulas más precisas: fuentes "policiacas", "judiciales", "legislativas", o bien, en consulta con la estructura coordinadora o directiva de **Proceso**, optar por otra forma de atribución.

**29.** El crédito y las comillas son indispensables cuando deban reproducirse párrafos o declaraciones difundidos originalmente por otros medios.

**30.** El reportero nunca presentará como propios los juicios u opiniones de sus entrevistados.

**31.** No deben publicarse expresiones discriminatorias u ofensivas de ninguna clase, especialmente cuando aluden a la raza, la religión, el grupo étnico, el nivel cultural, la posición social, la edad, el sexo o las preferencias sexuales de las personas. Particular atención merecen los derechos y la dignidad de los menores de edad y minusválidos.

**32.** No se emplearán palabras o conceptos que no hayan sido comprendidos, aunque se trate de una cita textual, y se traducirán al lector medio, en lenguaje accesible, los tecnicismos de la información especializada.

**33.** No pocos incluyen en el semanario expresiones como "hoy domingo", sin tomar en cuenta que la revista puede ser leída cualquier día de la semana, e inclusive un día antes de que se ponga a la venta en los puestos de periódicos (los suscriptores reciben su ejemplar los sábados). Escríbase, en consecuencia, la fecha de que se trate. Por ejemplo: "el domingo 12 de abril", "el jueves 25 de este mes" o "el 24 de julio de 2009".

**34.** Se evitará empezar una nota con una frase entrecomillada, excepto si ésta es muy breve y rápidamente se indica al lector quién es el autor de la expresión.

**35.** Procuraremos que no haya párrafos de más de 120 palabras, y que cada uno de ellos sea consecuencia temática o lógica del anterior.

**36.** En lugar de redactar: "El diputado *dijo que 'nosotros* no estamos de acuerdo con la privatización de Pemex'", escríbase: "El diputado *dijo: 'Nosotros* no estamos de acuerdo con la privatización de Pemex'".

**37.** La primera vez que sea mencionado el nombre de alguna dependencia u organismo conocido por sus siglas o acrónimos, se indicará primero su denominación completa y, entre paréntesis, la sigla o acrónimo que se le atribuye para poder utilizarlo después de manera independiente.

**38.** Serán eliminados los tratamientos de *reverendo*, *monseñor*, *mister*, *señor*, *don* y otros similares, así como los títulos académicos de las personas mencionadas en las notas y reportajes, si no tienen un sentido periodístico. Sin embargo, tales tratamientos podrán admitirse, por excepción, en artículos, cartas y algunas entrevistas que lo ameriten.

**39.** En su redacción, el reportero tratará de 'usted' a los entrevistados aunque en sus encuentros se tuteen, mas no cuando dicho tratamiento resulte antinatural, como suele ocurrir en ciertas entrevistas culturales y deportivas.

**40.** Los recursos literarios, más o menos explorados por la retórica, la estilística y la crítica, son de enorme utilidad para el mejoramiento del estilo periodístico, por lo que es recomendable abrevar en los diferentes géneros literarios y en las disciplinas que los analizan.

**41.** Los lugares comunes *–el país es un polvorín–*, los dichos o refranes *–no hay mal que por bien no venga–*, el hipérbaton *–aceptar los argumentos contrarios, no podía–*, la metáfora *–su caja de caudales era su trinchera–*, la hipérbole *–lo había repetido mil veces–*, sólo serán admitidos cuando hayan sido de tal forma incorporados al estilo de un texto específico que omitirlos sería lesionar el tono del conjunto o la eficacia del escrito. No obstante, por apropiados que parezcan, procuraremos no abusar de esta clase de recursos. (Véase **lugares comunes** en el *Diccionario de dudas*.)

**42.** El reportero confirmará el nombre correcto de las personas que mencione y los puestos que ocupan; la fecha y el lugar de los sucesos, y, por último, las denominaciones precisas de las dependencias, organizaciones y documentos a los cuales se refiera. La falta de cuidado o de rigor en estos aspectos se traduce en una considerable pérdida de tiempo para consultar los datos y enmendar las fallas.

**43.** Las preguntas de las entrevistas deben ser breves, y las respuestas muy largas habrán de amenizarse con intervenciones del redactor, quien eliminará muletillas, circunloquios y frases poco significativas o confusas, sin que suprima nada sustancial ni modifique el espíritu de las declaraciones.

**44.** Las notas informativas seguirán manteniendo su estructura de pirámide invertida, garantizando que en los primeros dos o tres párrafos se dé respuesta a las principales preguntas clásicas (qué, quién, dónde, cómo, cuándo, por qué); mas en la crónica y el reportaje el redactor tendrá una libertad formal prácticamente ilimitada, mientras no se aparte de la verdad periodística ni incurra en desmesuras. De la conciencia y el estilo del autor depende lo que haga con esa libertad, aunque en el área de edición se elegirá un texto vigoroso frente a otro débil, uno fluido sobre otro escabroso, uno conciso sobre otro prolijo, uno claro sobre otro confuso, uno riguroso sobre otro dudoso, y uno plástico sobre otro desvaído…

**45.** Preferiremos las formas activas sobre las formas pasivas de los verbos, excepto cuando, en un contexto dado, las pasivas demuestren mayor eficacia en la comunicación.

**46.** Es recomendable escribir en un solo tiempo verbal nuestra nota, de preferencia en pasado. Y al emplear el presente histórico para imprimir veracidad al relato, no haremos cambios abruptos en el tiempo verbal.

**47.** La sucesión de sujeto, verbo y complemento resulta, habitualmente, una fórmula eficaz en la redacción. Si, adicionalmente, evaluamos cada uno de los términos empleados y sustituimos algunos de ellos por los sinónimos o giros más precisos, nuestros textos tendrán garantizadas dos de las más indispensables cualidades del estilo: la claridad y la propiedad. (Ver *Cualidades del estilo.*)

**48.** La repetición de sustantivos, adjetivos, verbos y adverbios en las cláusulas u oraciones no constituye un error. Sin embargo, denota pobreza de lenguaje y molesta –consciente o inconscientemente– a los lectores. Un texto con numerosas repeticiones de palabras –también de ideas– deja en el lector la impresión de descuido o monotonía. Muchas veces, al tratar de eliminar las reiteraciones, se descubren formas de redacción más eficaces.

**49.** El reportero debe leer cuando menos tres veces su nota antes de entregarla. En la primera lectura, verifica el contenido informativo (nombres, fechas, cantidades, etcétera); en la segunda, enmienda la sintaxis, elimina ambigüedades y corrige inexactitudes y gazapos; y en la tercera, afina la sintaxis, mejora la fluidez del texto y suprime los errores que pudo cometer al hacer modificaciones.

**50.** Los editores confiarán siempre en la veracidad de los reporteros, mas éstos tendrán siempre la obligación de indagar sobre la confiabilidad de sus fuentes y datos.

**51.** Los editores evaluarán la actualidad, el interés y la pertinencia de los materiales periodísticos entregados; resumirán, complementarán, mejorarán y/o corregirán la información y la redacción sin suprimir nada significativo y sin alterar la sustancia o el sentido de los textos; respetarán el estilo del autor en la medida en que se apegue a la política editorial de **Proceso**, a la ética periodística y al presente manual, particularmente en lo que se refiere a las *Cualidades del estilo*.

**52.** Los editores habrán de elaborar los títulos de los textos, además de redactar los epígrafes de reportajes, crónicas y entrevistas.

**53.** El título deberá resumir y respetar el sentido y el espíritu del texto con la máxima autonomía sintáctica posible –es decir, recurriendo a las partes básicas de la oración–, o bien, destacar el detalle más noticioso de los hechos.

**54.** Cuando en aras de la imparcialidad el redactor incluyó dos o más puntos de vista contrapuestos sobre un hecho o tema, el título reflejará esa neutralidad, sin privilegiar ninguna de las posiciones divergentes.

**55.** Al igual que el reportero, el editor evitará caer en la injuria o denigración de instituciones y personas al confeccionar los títulos. Sin embargo, cuando algún personaje público o entrevistado emita juicios que se aproximen a la reproducción de tales vicios, el editor podrá apoyarse en ellos al redactar los titulares bajo las siguientes condiciones: lo hará con sensibilidad y responsabilidad sociales; estará en condiciones de demostrar que la esencia del texto y del personaje así lo exigen y, por último, recurrirá a los dos puntos y a las comillas para consignar la fuente o declarante desde el título.

**56.** Los epígrafes podrán ser un breve resumen de la nota o destacar algún aspecto relevante, atractivo o pintoresco, pero nunca darán por hecho lo que el texto deja como incierto.

**57.** Sólo cuando el declarante hable en primera persona en frases rematadas por dos puntos más su nombre, el editor pondrá comillas a sus declaraciones en los títulos. Ejemplo: *"No pararemos en la guerra contra el narco": Calderón.* Cuando las cabezas rematadas por dos puntos más el nombre del declarante no empleen la primera persona –del singular o del plural–, las comillas resultan superfluas, pues los dos puntos le atribuyen las palabras precedentes, con la ventaja de que éstas pueden no ser textuales, aunque se respete su espíritu: *Son más las victorias que las derrotas: Juan Camilo Mouriño.*

**58.** Fuera de este caso de construcción con dos puntos, pueden emplearse las comillas para señalar las palabras textuales, las declaraciones trascendentes o insólitas en cualquier encabezado, y aun cuando se procurará no abusar de ellas, estará permitido usarlas inclusive en algunos casos excepcionales en que, por limitaciones de espacio, no se incluyó en el título el nombre del declarante: *Demandan "encarcelar también a todos los protectores de los capos".*

**59.** Las expresiones, frases o nombres de obras, conferencias o eventos que, de acuerdo con el presente manual, deberán escribirse en cursivas, aparecerán de igual modo en los títulos y epígrafes.

**60.** Cuando un editor deba alterar sustancialmente el fondo, sentido o espíritu de un texto periodístico para que sea publicable, lo dará a conocer al reportero con el fin de que decida si mantiene su firma. Pero en el aspecto formal el editor tendrá plena libertad para modificarlo con apego a la política editorial y a las cualidades del estilo. (Ver el capítulo correspondiente.)

**61.** La primera función de la sección *Palabra de Lector* es cumplir con la obligación de todo medio de comunicación de rectificar, aclarar o precisar los datos o informaciones que lo reclamen, y la segunda, permitir a las personas implicadas en un hecho deslindarse del mismo o diferir de los juicios u opiniones de quienes lo interpretaron.

**62.** *Palabra de Lector* publicará las cartas en un riguroso orden de entrega, pero siempre tendrán prioridad las aclaraciones, desmentidos o respuestas a otras misivas y notas de los reporteros –y sus réplicas–, con el propósito de que el asunto de que se trate no haya sido olvidado al ser difundidas.

**63.** La sección *Palabra de Lector* estará destinada también a quienes no tienen voz pública y a quienes, teniéndola, no reciben atención en un tema de interés general. Suelen ser víctimas del despojo, la depredación, la corrupción, la prepotencia o la injusticia, así como personas con sentido cívico que denuncian violaciones al estado de derecho y trastornos importantes de la convivencia social.

**64.** Por su reducido espacio, *Palabra de Lector* limitará las cartas a un máximo de dos cuartillas –dos hojas con 28 líneas de 65 caracteres–. El editor tratará de aclarar las misivas confusas, y las que sean demasiado extensas las resumirá, pero en estos casos agregará al final de las mismas, en itálicas: *(Carta resumida.)*

**65.** Los correctores de tipografía consultarán con los editores todo cambio relevante que pretendan hacer a los textos por lo que se refiere a la semántica, sintaxis, nombres, datos, cifras, etcétera, y sólo podrán efectuar modificaciones tipográficas y ortográficas fundados en el presente manual, los tratados gramaticales y los diccionarios. Ni el editor ni el corrector de tipografía tienen derecho a sustituir una forma correcta por una incorrecta, de modo que, para ambos, la máxima norma ética será: la duda metódica, no sólo respecto de los datos y vocablos del redactor, sino también en torno a los propios hábitos de escritura. Asimismo, en ocasiones –y esto ocurre con cierta frecuencia– hay formas coloquiales, procedentes del caló o consustanciales al estilo que, a primera vista, parecen incorrectas, pero que son *incorrecciones con sentido* –psicológico, sociológico, literario o periodístico– que deben respetarse. Antes de hacer un cambio del que no estemos firmemente convencidos, consultaremos al reportero, al editor, el presente manual y el *Diccionario.*

**66.** En apego a las nuevas normas académicas, llevarán acento gráfico las letras mayúsculas que lo requieran según las reglas de acentuación. Sin embargo, no todas las disposiciones de la *Ortografía de la lengua española* (RAE, Espasa, 1999) serán aplicadas en **Proceso**, pues algunas son seriamente cuestionadas y, sobre todo, no han sido todavía atendidas por la mayoría.

**67.** Aunque aquí se han incorporado algunas de las nuevas normas académicas, no seguiremos las más recientes reglas sobre el acento gráfico en las palabras con enclítico. (Véase **acentuación** en el *Diccionario de dudas.*)

**68.** Al igual que el *Diccionario panhispánico de dudas,* castellanizaremos algunos topónimos extranjeros adaptando sus grafías a nuestra pronunciación, y en ocasiones, cuando el caso lo amerite por las reglas de acentuación, agregándoles tilde.

**69.** Como el *Diccionario*, acentuaremos los latinismos para indicar su correcta pronunciación, pero, a diferencia de la RAE, mantendremos en itálicas la mayor parte de las palabras y expresiones provenientes del latín, excepto cuando ya son de comprensión y de uso general en México. (Véase *Diccionario de dudas*.)

**70.** Nuestros criterios fundamentales respecto del lenguaje privilegian el uso, la pronunciación y la etimología de las palabras, en ese orden; pero atendiendo sobre todo los empleos y grafías de los vocablos que se usan en México, **Proceso** tenderá en general –con las excepciones que se registran en el cuerpo del manual– a la castellanización de los extranjerismos de acuerdo con los criterios fonetistas (de escribirlos como suenan), a la eliminación del máximo posible de mayúsculas y abreviaturas, a la unión de los prefijos a las palabras que acompañan y a la uniformidad en el uso de las cifras, comillas, cursivas, acrónimos y siglas. (Véanse los capítulos y apartados correspondientes.)

# II. Cualidades del estilo

Ocho cualidades del estilo –1) *claridad,* 2) *propiedad,* 3) *precisión,* 4) *brevedad,* 5) *sencillez,* 6) *vigor expresivo,* 7) *armonía* y 8) *abundancia*– son consideradas en nuestro idioma los principales atributos de un buen escrito.

Diversos manuales de redacción, estudios gramaticales y tratados de estilística señalan que la práctica de estas y otras cualidades garantizan, en general, una buena redacción. El *Manual de estilo de* ***Proceso*** las limita a ocho y las numera con el fin de proponer, aún de manera enunciativa, un método para la buena redacción.

De este modo, *claridad, propiedad, precisión, brevedad, sencillez, vigor expresivo, armonía* y *abundancia,* en ese orden, constituyen las normas básicas de nuestra redacción, corrección de originales y tareas de edición.

**1)** La *claridad* de la redacción consiste en expresarse sin enredos, lagunas, anfibologías, etcétera, de suerte que cualquier lector comprenda sin confusiones ni rodeos el sentido de nuestras frases y vocablos. Principales obstáculos de la *claridad*: frases demasiado largas o rebuscadas; ineficaz o incorrecta organización de las palabras; ambigüedades y omisiones; uso de paréntesis frecuentes; exceso de cláusulas subordinadas, e inclusión de términos u oraciones prescindibles o superfluos.

**2)** La *propiedad* es para nosotros la cualidad del estilo que consiste en escribir voces, frases y oraciones de manera correcta y pertinente, tanto por su apego a las normas gramaticales como por sus implicaciones de matiz. Las más frecuentes faltas a la propiedad son el solecismo, que es una violación de la sintaxis; el barbarismo, que es una falta ortográfica o una confusión de un término por otro, y el defectuoso empleo de los sinónimos, es decir, una inadvertencia del matiz que los distingue y que obliga a la elección de un solo vocablo justo en un contexto dado.

3) La *precisión,* íntimamente relacionada con la *claridad* y la *propiedad* en su forma, pues las tres se combinan en una buena comunicación, se refiere sobre todo al contenido y al sentido estricto de los vocablos y oraciones empleados para difundir la información. Aunque en la búsqueda de la *precisión* también se evitan impropiedades y confusiones, la tarea específica en este punto es encontrar la palabra justa y la oración irreprochable para transmitir exacta, estrictamente lo que queremos decir. (Un análisis minucioso de las palabras, conceptos, cláusulas, ideas y datos es indispensable.)

4) La *brevedad*, que efectivamente eleva la calidad del buen escrito, en el periodismo es de capital importancia por dos razones: a) El lector quiere informarse rápidamente, sin pérdida de tiempo, de aquello que le interesa, y generalmente sólo admite la demora ante aciertos o hallazgos literarios del estilo; y b) el espacio de la prensa es limitado. Si cada uno de los reporteros se esfuerza en conseguir la mayor brevedad posible, además de que sus textos ganarán en concisión y consistencia, éstos tendrán menores posibilidades de *compactación* o de resumen y serán mejores candidatos a la publicación.

La *brevedad*, que siempre ha sido un arte, el arte de sintetizar lo escrito, no debe, sin embargo, confundirse con el laconismo telegráfico, ni procurarse si al hacerlo pierde el texto *precisión, propiedad* y *claridad.* Por el contrario, cuando hacemos una correcta supresión de párrafos, frases y palabras en busca de la *brevedad,* el texto suele ganar en *precisión, propiedad* y *claridad.* La prolijidad es normalmente consecuencia no de la extensión o complejidad de nuestro tema, sino de la escasa reflexión invertida en la escritura y del desorden en que, muchas veces, se encuentran las ideas cuando empezamos a escribir.

5) La *sencillez* de un texto produce en los lectores la impresión de que se escribió de un modo natural, sin afectaciones ni artificios, y les permite captar la información sin

pensar en lo escabroso o complicado de la misma ni en las cualidades del que escribe. El rebuscamiento de un escrito se debe habitualmente a que el redactor está más empeñado en exhibir originalidad o dotes de escritor que en dar fluidez y transparencia al texto.

**6)** Es el *vigor expresivo* el rasgo que distingue a los mejores escritores y redactores periodísticos de aquellos que, sólo muy *correctos, sencillos, breves* y *precisos*, son incapaces de *ser*, de reflejar su originalidad en un estilo inconfundible que aliente, cohesione y dé vida a sus escritos. Auxiliado por la mejor tradición literaria y periodística en nuestra lengua, el redactor aumentará la fuerza y la plasticidad que implica el *vigor expresivo.*

**7)** Aquí definimos la *armonía* como la cualidad estilística que, en primer lugar, procura la compatibilidad, concordancia o simpatía entre la forma y el contenido del texto, entre el estilo y la materia informativa, de suerte que muy difícilmente, por ejemplo, pueda abordarse en tono frívolo o irónico un suceso que entrañe una tragedia. Cada asunto, cada tema reclama una forma, una estructura, un estilo que, con su sensibilidad y con su oficio, el reportero captará y plasmará sin disonancias. Evitar la cacofonía, la rima, el sonsonete; combinar frases cortas con frases largas, y procurar la eufonía dosificando melodiosamente la acentuación y las pausas, son medidas que, en segundo término, resultan recomendables para la consecución de la *armonía.*

**8)** La *abundancia* se refiere sobre todo a la variedad o riqueza del vocabulario y al dominio técnico de las múltiples formas de organización sintáctica, recursos que por sí solos son capaces de erradicar la monotonía de nuestros textos y de imprimirles novedad, elegancia y sutileza.

Hacemos ahora un trayecto retrospectivo para aclarar sucintamente que, en las normas relacionadas con el estilo, ni los reporteros ni los editores sacrificaremos la *armonía* (7) en aras de la *abundancia* (8); el *vigor expresivo* (6) en procura de la *armonía* (7); la *sencillez* (5) en busca del *vigor expresivo* (6); la *brevedad* (4) en afán de *sencillez* (5);

la *precisión* (3) en pos de la *brevedad* (4); la *propiedad* (2) por la *precisión* (3), ni la *claridad* (1) por la *propiedad* (2).

El procedimiento inverso, que constituye nuestra guía, significa, por ejemplo, que en aras de la *precisión* (3) podremos ignorar la recomendación de *brevedad* (4) si, al procurar ésta, irremisiblemente cayéramos en la imprecisión. Y, llevando el ejemplo hasta el extremo, señalamos que, en busca de la *claridad,* podría violarse el resto de las cualidades del estilo si fuera demostrable que *sólo así es posible* cumplir con la cualidad número 1. Es obvio que, aun en este hipotético caso extremo, estaríamos obligados a mantener un mínimo de *precisión* (3) y a respetar no pocas normas básicas que atañen a la *propiedad* (2), consustanciales al idioma.

# III. Comillas

**1.** Las citas textuales de libros, publicaciones periódicas, medios de comunicación electrónicos y documentos oficiales, académicos y privados se escribirán entre comillas, pero podrán también reproducirse en cursivas (ver *Itálicas o cursivas*) cuando sean demasiado extensas.

**2.** Aunque las frases textuales de los entrevistados se reproduzcan entre comillas, no debe caerse en el vicio de la literalidad. Abundan los casos en que, por una fidelidad mal entendida, el reportero reproduce entre comillas todo lo que dijo el declarante aunque falte concordancia de género o de número, e inclusive si sus frases son crípticas o ininteligibles; a veces, también, hay fisuras pronominales o verbales entre las cláusulas del reportero y las del entrevistado. En virtud de que nuestro primer compromiso es con el lector, el redactor hará las correcciones gramaticales correspondientes, y si el declarante presenta numerosas y graves deficiencias de lenguaje, se omitirán las comillas para aclarar sus expresiones sin que, al hacerlo, el reportero traicione jamás el sentido y el espíritu de lo expresado. Sólo admitiremos las deficiencias de lenguaje del declarante cuando sean parte de nuestra materia periodística; por lo demás, evitaremos la transcripción y difusión de los vicios comunes de la oralidad, inadmisibles en la lengua escrita.

**3.** Existen tres variedades de comillas: las comillas bajas o francesas, también llamadas latinas o españolas (« » –las cuales se obtienen aplicando 'Alt 174' y 'Alt 175' en nuestras computadoras); las comillas altas dobles (" ") y las comillas sencillas (' '). Las bajas o francesas son las más usadas por la industria editorial en la producción de libros, pero en las publicaciones periódicas es infrecuente su empleo, y casi siempre se recurre a las altas dobles y sencillas. En **Proceso** utilizaremos en primer lugar las altas dobles para una frase o párrafo textuales, pero si dentro de un texto entrecomillado requerimos nuevas comillas (como en el caso de un entrevistado que cita a un autor), tendremos que recurrir en segundo término a las comillas sencillas (‘ ’).

**4.** Las comillas bajas, sin embargo, son necesarias cuando en un parágrafo es preciso distinguir tres entrecomillados diferentes; verbigracia, si un entrevistado cita a otra persona que, a su vez, cita la frase de un autor. En tales circunstancias, el primer entrecomillado deberá hacerse con comillas bajas o francesas («); el segundo, con comillas altas dobles (“) y, el tercero, con comillas sencillas (‘). Ejemplo:

«Uno de los últimos periodistas que entrevistaron a Borges me contó: “Cuando yo le pregunté cuál era su opinión de Shakespeare, el argentino me dijo: ‘Fue un buen redactor’, y ambos reímos por la ocurrencia”. Por mi parte, no creo que fuese una *ocurrencia* ni que Borges haya reído por eso, pues una gran proporción de la obra de Shakespeare es, en estricto sentido, la redacción de mitos, leyendas e historias conocidas de su época y de otros tiempos.»

**5.** Cuando dos o más párrafos consecutivos constituyen declaraciones o citas textuales, se pondrán comillas al comenzar cada uno de los parágrafos, pero sólo serán cerradas al concluir la serie. Pese a que la norma académica establece que el segundo y subsiguientes párrafos entrecomillados de una serie empezarán con comillas de cierre, el uso periodístico en México ha impuesto –y así lo seguiremos haciendo en **Proceso**– comillas de apertura (“) en los párrafos correspondientes.

**6.** Si en una entrevista que emplea guiones largos o rayas de diálogo el declarante da una respuesta que abarca varios párrafos, únicamente el primero de ellos será precedido por la raya, y el resto llevará comillas, conforme a la norma anterior. (Ver *Guiones y rayas.*)

**7.** Existen diversos criterios para la aplicación de las comillas en relación con el resto de los signos de puntuación. Nosotros simplificaremos su empleo del siguiente modo: Sólo admitiremos comillas después de punto cuando se trate de la conclusión de un parágrafo que comenzó con comillas (véase el ejemplo de la norma 4). En el resto de los casos, primero irán las comillas y en seguida el punto. Desde luego, esta norma nos obligará a poner punto después de las comillas que suceden a ciertos signos ortográficos, como los de interrogación y admiración: *El gobernador dijo alterado: "¿Quién los mandó?". Miró hacia la ventana y se incorporó.*

**8.** Algunos autores recomiendan usar siempre mayúscula inicial cuando, después de dos puntos, se abren comillas, en tanto que otros prescriben siempre minúsculas. En **Proceso** emplearemos mayúscula en algunos casos, y minúscula en otros. (Ver *Mayúsculas.*)

# IV. Guiones y rayas

Frecuentemente se confunde el guión (-) con la raya (–), o, como también se denominan, el *guión corto* con el *guión largo*. Ambos son signos ortográficos con funciones específicas, bien diferenciadas.

**1.** El guión (-) es el que más abunda en la grafía porque tiene la función primordial de señalar la separación silábica. Es el signo que se emplea al final de un renglón cuando éste no alcanzó para escribir una palabra completa.

**2.** Igualmente, debe recurrirse al guión (-) cuando se quiere distinguir, pero mantener ligadas, dos palabras, como en las expresiones franco-belga o mexicano-estadunidense. (Es incorrecto decir méxico-estadunidense: *México* no es gentilicio.) El guión en estos casos es indispensable: indica que entre las dos culturas o los dos países a que se refieren dichos gentilicios no ha habido una integración o asimilación, como ocurre, por ejemplo, en las expresiones *música afrocubana*, *usos hispanoamericanos* o *legado grecolatino*.

**3.** Se recurrirá al guión corto en el signo denominado punto y guión (1.-), así como en las datas. (Ver *Abreviaturas, signos y datas*.)

**4.** El guión servirá también para separar números o letras en los registros telefónicos (575-23-30), direcciones (Fresas 13-A), etcétera.

**5.** La raya (–) tiene las funciones de separación de enunciados, signo de diálogo, acotación y paréntesis.

**6.** La raya se usará para separar las preguntas del reportero y las respuestas del entrevistado, evitando las negritas, cursivas o iniciales con las que algunos medios suelen distinguirlas. El criterio general consiste en eliminar las alteraciones tipográficas que constituyan sobresaltos en la lectura, que de por sí se producen abundantemente con las mayúsculas y cursivas inevitables.

**7.** En las respuestas del entrevistado precedidas por raya no incluiremos más comillas que las requeridas por las citas que haga el mismo entrevistado. Supondremos siempre –y así lo hace ya la mayoría de los lectores– que las respuestas acompañadas de una raya son declaraciones textuales.

**8.** Ante una pregunta del reportero, el entrevistado suele contestar con declaraciones que abarcan dos o más párrafos: sólo el primero irá precedido por raya, y los demás empezarán con comillas, las que, a su vez, sólo serán cerradas cuando concluya la serie de párrafos declarativos (ver *Comillas*). Algunos redactores que utilizan la raya en el primer parágrafo omiten las comillas en los siguientes, y con ello confunden al lector, pues no le indican cuándo terminó de hablar el entrevistado y cuándo el reportero introduce observaciones, síntesis o acotaciones, comunes en la entrevista.

**9.** En virtud de que existen numerosos desacuerdos y disparidades en el empleo de las rayas o guiones largos, en seguida consignaremos en cursivas algunos de los usos antiguos y extranjeros más comunes, así como los correspondientes a la publicación de libros; y en negritas indicaremos las formas que adoptaremos en **Proceso**.

*– ¿Qué hicieron para tramitar la solución?*
**–¿Qué hicieron para tramitar la solución?**

*–Llevamos la solicitud a la instancia que corresponde—forma parte de la Cámara de Diputados.*
*–Llevamos la solicitud a la instancia que corresponde– forma parte de la Cámara de Diputados.*
**–Llevamos la solicitud a la instancia que correspon-**

**de –forma parte de la Cámara de Diputados.**
*–¿Qué le dijo el diputado?–preguntó uno de los reporteros.*
*–¿Qué le dijo el diputado?– preguntó uno de los reporteros.*
**–¿Qué le dijo el diputado? –preguntó uno de los reporteros.**

*–Lo de siempre–expresó con enfado–, que estaría pendiente del deslinde.*
*–Lo de siempre– expresó con enfado –que estaría pendiente del deslinde.*
*–Lo de siempre, expresó con enfado, que estaría pendiente del deslinde.*
**–Lo de siempre –expresó con enfado–, que estaría pendiente del deslinde.**

*Este fue el resultado de una marcha campesina–algunos venían de Oaxaca, otros de Guerrero–que duró 14 días.*
**Este fue el resultado de una marcha campesina –algunos venían de Oaxaca, otros de Guerrero– que duró 14 días.**

*Los temas que se trataron en el mitin fueron:*
*– Reforma agraria.*
*– Invasiones.*
*– Encarcelados.*
**Los temas que se trataron en el mitin fueron:**
**–Reforma agraria.**
**–Invasiones.**
**–Encarcelados.**

**10.** Escribiremos coma después de la raya de cierre (como en el antepenúltimo ejemplo: *–Lo de siempre –expresó con enfado–, que estaría pendiente del deslinde*) si las normas ortográficas lo exigen; pero nunca irá coma antes de la raya que abre porque este signo ha adquirido las funciones de paréntesis y, recordando la regla, antes de paréntesis no va coma…

# V. Itálicas o cursivas

En materia de cursivas, para evitar confusiones y uniformar su empleo, trataremos de aplicar criterios invariables, y los extenderemos a casos poco usuales que, en principio, parecerán un tanto raros, pero que luego podrían encontrar apoyo e imitación.

**1.** Aunque las citas de medios de comunicación, libros y documentos se escribirán con comillas –como se indica en el capítulo correspondiente–, el reportero podrá optar por reproducirlas en itálicas o cursivas cuando abarquen más de dos párrafos.

**2.** Pondremos en cursivas los extranjerismos y neologismos que no estén incorporados al idioma.

**3.** Para evitar confusiones, dudas y distinciones innecesarias, que se traducen en pérdidas de tiempo y en frecuentes faltas de uniformidad, extenderemos el uso de las cursivas a algunos casos en que la norma sólo prescribe las comillas. Así, irán en cursivas los nombres de artículos, reportajes, diarios, revistas –excepto **Proceso**–, noticiarios; diplomados, seminarios, documentos y estudios –oficiales o privados–; los títulos de obras dancísticas y musicales, incluyendo los de acetatos, casetes o discos compactos que las contengan; cuadros, esculturas, películas, videocasetes; poemas, obras de teatro, libros y sus capítulos. Con excepción de los nombres de diarios y revistas, en todos estos casos las mayúsculas iniciales se limitarán a la primera letra del título y a los nombres propios que éste incluya. Ello significa que no se utilizará la mayúscula inicial en los sustantivos y adjetivos incluidos en los títulos de obras artísticas y libros. Dada la proliferación de las agencias de noticias y los medios de comunicación electrónicos, donde el nombre de la empresa suele coincidir con el nombre del medio, dejaremos de escribir estas denominaciones en cursivas y utilizaremos sólo altas y bajas en redondas: 'TV Azteca', 'Notimex', 'AP', 'XEW', 'Radiópolis', etcétera.

**4.** Nuestra política tipográfica no se apegará a todas las singularidades adoptadas por algunos medios de comunicación en la grafía de sus cabezales. Así, por ejemplo, **uno**más**uno**, que en su cabezal emplea sólo minúsculas y combina letras blancas con negritas, en **Proceso** (único medio que se reserva las negritas –en rectas– y que sólo será mencionado en los textos cuando resulte imprescindible) se escribirá, siguiendo la norma general: *Unomásuno.*

**5.** Los nombres de tesis escolares, conferencias e investigaciones seguirán la misma norma: cursivas altas y bajas: *Los medios de comunicación en el México posrevolucionario, La entropía del sistema político mexicano, Causas y consecuencias de la política agraria.* Algunos de estos usos parecerán extraños al principio, pero ello será mejor que estar haciendo siempre distinciones entre el nombre de una conferencia ("La entropía del sistema político mexicano"), un documento oficial (Compromisos de México ante sus Deudores), un libro (*Rayuela*) y un poema ("Muerte sin fin", que es también el título de un libro que sólo contiene el poema), etcétera. Llevando nuestra norma hasta sus últimas consecuencias, y en aras de la uniformidad, tampoco haremos distinciones con los libros religiosos y las partes en que se dividen. Igual procederemos con los *Vedas*, el *Corán*, la *Biblia* y sus divisiones y capítulos: *Antiguo testamento, Nuevo testamento, Leyes, Evangelio de san Marcos*, etcétera.

**6.** Se escribirán con itálicas los nombres de huracanes (*Paulina*), animales (*Rocinante*), barcos (*Titanic*), aviones (*Quetzalcóatl*), naves espaciales (*Columbia*) y todo tipo de vehículos, pero no las marcas de estos últimos, que deberán aparecer simplemente (como todas las marcas y nombres de empresas, nacionales y extranjeras) con mayúscula inicial: General Motors, Morgan, Del Monte, etcétera. No haremos distinciones entre los diversos tipos de productos de una empresa: Topaz y Taurus, de la empresa Ford, se escribirán en rectas.

**7.** Aunque el *Diccionario* pretende trasladar a nuestra lengua casi todos los latinismos, nosotros seguiremos escribiéndolos en cursivas en su mayoría –como se indica en el *Diccionario de dudas*–, para advertir a nuestros lectores poco familiarizados con el latín que esas voces provienen de otro idioma, aunque éste haya originado el español, al igual que el griego, con el que procederemos de la misma manera. La mayoría de las palabras de otras lenguas que ya han sido incorporadas plenamente al español por el uso popular y por el *Diccionario* de la RAE irán en rectas, como 'sándwich' –es inútil insistir en que sólo se escriba 'emparedado'– y 'récord' –resulta ocioso porfiar en que se sustituya por 'marca'–, al igual que vocablos tomados del francés, como 'clóset' y 'restaurante'. En fin, todas las voces procedentes de otras lenguas que ya tienen curso generalizado en nuestro idioma (el español contiene al menos unos 5 mil galicismos, y es incalculable el número de anglicismos) las emplearemos, pero, en la medida de lo posible, procuraremos castellanizarlas ('futbol' –no admitiremos 'fútbol'–, 'tráiler', 'estrés', 'eslogan' y 'esnob'). Sin embargo, nos seguiremos resistiendo, con itálicas, a la invasión de términos como *okey*, *money* y *marketing*.

**8.** Podrán ir en cursivas palabras y frases irónicas, así como voces que periodística o estilísticamente queramos destacar, sin abusar de este recurso y cuando existan poderosas justificaciones para hacerlo, considerando que las itálicas pueden equivaler a una intervención subjetiva del autor. Si, de acuerdo con las normas precedentes, la subjetividad del autor se justifica o es necesaria, adelante con las cursivas: "Los reporteros lo oyeron gritar, lo vieron manotear, con el rostro encendido, pero el senador *no estaba alterado*".

**9.** Llevarán itálicas los tecnicismos poco difundidos, aunque será aclarado su sentido entre rayas o paréntesis.

**10.** Las palabras procedentes del caló –*la tira*, por ejemplo, que significa *la policía*– se marcarán en cursivas cuando sean expresiones aisladas dentro de una nota, pero si proliferan en ésta porque constituyen su materia o las peculiaridades de su estilo, por excepción podrán quedar en rectas.

**11.** Escribiremos en itálicas los apodos, y, para no hacer excepciones, incluiremos en esta norma apodos tan conocidos como el de *La Quina,* aunque distinguiremos este y otros sobrenombres *–El Trampas, El Tigre,* etcétera– de los nombres artísticos –Cantinflas, Capulina– y de los apócopes –Chela, Pepe, Toño–, que se escribirán siempre como simples nombres propios.

**12.** Los apócopes de palabras comunes no irán en cursivas, sino indicados mediante apóstrofo: "Pa' qué discutes con la policía...", "Te seguirán a'onde vayas". El apóstrofo señala el sitio donde el habla oral omitió una o más letras: pa'(ra), a'(d)onde.

# VI. Mayúsculas

La tendencia dominante en español es suprimir cuanto se pueda las mayúsculas, y así lo haremos aquí considerando, en primer lugar, que constituyen una forma superflua y convencional de la escritura, y, en segundo, que algunas de las normas académicas resultan anacrónicas o insuficientes para resolver las dudas y discrepancias que origina su empleo. Tales discrepancias llegaron al punto de que el secretario perpetuo de la Real Academia Española, Julio Casares, tuvo que intervenir para mediar en una polémica que, hace tiempo, mantenían en torno a las mayúsculas los correctores de estilo de la empresa editora del *Diccionario de la lengua española*: Espasa Calpe. Unos sostenían que en los nombres propios donde aparecen sustantivos comunes como hotel, restaurante, café, bar, cine, parque, calle, avenida, etcétera, debían escribirse, como indicaba la norma académica, con mayúscula inicial; otros advertían que la aplicación estricta de dicha norma significaba revisar los registros oficiales para saber cuándo el sustantivo común ("café", por ejemplo) era parte del nombre propio ("Café La Castellana") y cuándo no (café "La Castellana"). Tras una larga consulta con Julio Casares, quien recibió las propuestas y argumentos de las partes polemistas, éste les recomendó, para evitar confusiones y consultas interminables, así como por economía de mayúsculas, *escribir con minúsculas* los sustantivos comunes de los establecimientos comerciales, turísticos, etcétera, llevaran o no el sustantivo común en sus denominaciones oficiales. También preconizó escribir con minúsculas los sustantivos comunes de nombres geográficos. A partir de entonces, se ha ido ampliando y generalizando esta saludable práctica.

**1.** Con dichas bases, y con el propósito de uniformar, simplificar y reducir las mayúsculas en la grafía de **Proceso,**

se escribirá: 'restaurante Arroyo', y no 'Restaurante Arroyo'; 'hotel Presidente', y no 'Hotel Presidente', 'parque Hundido', y no 'Parque Hundido'; 'calle Coahuila', y no 'Calle Coahuila'.

**2.** La misma norma se aplicará a los nombres geográficos que en su denominación incluyan sustantivos comunes como los siguientes: océano, mar, golfo, bahía, cerro, montaña, sierra, volcán, bosque, valle, desierto, lago o río: 'océano Atlántico', 'mar Muerto', 'golfo Pérsico', 'cerro Colorado', 'monte Athos', 'montañas Rocallosas', 'sierra Nevada', 'volcán Chichonal', 'bosque Alto', 'valle Verde', 'desierto Líbico', 'lago Superior', 'río Grijalva'.

**3.** En los nombres propios geográficos, de ciudades y de establecimientos –así como en la nomenclatura urbana y rural– algunos sustantivos comunes suelen ir seguidos de la partícula 'de' ('Ciudad *de* México', 'Paseo *de* la Reforma', 'Plaza *de* San Jacinto', 'Cerro *de* la Estrella', 'Golfo *de* México', 'Bosque *de* Chapultepec'). En estos casos, por excepción, emplearemos la mayúscula en esos sustantivos comunes. Y otro tanto haremos si el nombre propio incluye la sucesión de dos sustantivos, uno de los cuales puede ser adjetivado, como en 'Sierra Madre Oriental' y 'Sierra Madre Occidental'.

**4.** El *Esbozo de una nueva gramática de la lengua española* (Espasa Calpe, España, 1986) propuso escribir con mayúscula inicial los títulos de dignidad y todas las palabras que expresen poder público o cargo importante: 'Rey', 'Duque', 'Senador', 'Ministro', 'Juez', 'Gobernador', 'Alcalde', 'Director', 'Jefe', etcétera. En **Proceso** no distinguiremos títulos nobiliarios o académicos, dignidades, poderes, jerarquías laborales o cargos importantes mediante lo que acertadamente se califica ya como *mayúsculas reverenciales*; no sólo por una repulsión editorial a la discriminación ortográfica, sino también porque dan pie a incontables dudas y confusiones: ¿Es más importante el 'Jefe de Personal' de la tienda Sears que el 'investigador en lengua náhuatl' o el 'profesor de matemáticas'? Si se admitiera escribir 'Profesor' con mayúscula, ¿por qué no 'Alumno'? Si 'Director', por qué no 'Encargado de Intendencia'? Para nosotros, todas las dignidades, cargos, títulos –nobiliarios o académicos–, oficios o funciones se escribirán indistintamente con minúsculas, incluyendo el cargo de 'presidente de México'. Exceptuaremos la dignidad de Papa, que mantendrá la mayúscula (diacrítica) atendiendo la objeción en el sentido de que, si se escribe con minúscula, en algunos casos pudiera confundirse con el nombre del tubérculo. Podremos llamarlo también 'jefe de la Iglesia católica' o 'pontífice', pero no aceptaremos 'Su Santidad', tanto porque ese atributo no es compartido por todos los Papas, como por el hecho de que alguien que no practique la religión católica podría impugnar dicho tratamiento.

**5.** Uno de los argumentos que se esgrimen para utilizar las mayúsculas en los puestos surge cuando éstos se usan en lugar del nombre. De acuerdo con dicha norma, habría que poner "el 'Juez' dijo que..." con mayúscula, porque no se incluyó su nombre, y, en rigor, el puesto sustituye al nombre. Conforme al criterio general de ahorrarnos al máximo las mayúsculas, tampoco seguiremos esta prescripción, salvo cuando resulte indispensable para evitar alguna anfibología.

**6.** Respetaremos, no obstante, el uso diacrítico de la mayúscula que distingue al 'Estado' (gobierno nacional, estamentos sociales, etcétera) de 'entidad federativa' y de la palabra que indica *situación* o *condición*.

**7.** La regla de empezar con mayúscula los días de la semana, meses, estaciones del año, puntos cardinales y materias ha caído en desuso. Escribiremos: 'miércoles', 'enero', 'otoño', 'norte', 'matemáticas', 'derecho', etcétera. Las materias llevarán mayúscula sólo cuando formen parte de un nombre propio: 'Facultad de Derecho', pero no al indicar un grado académico: 'licenciado en antropología'.

**8.** Figurarán con mayúsculas los nombres propios de personas, ciudades, países, empresas nacionales y extranjeras, establecimientos culturales, instituciones o entidades oficiales y privadas, partidos políticos, asociaciones, fiestas religiosas y civiles ('Semana Santa', 'Día de las Madres'), zonas distinguidas por su grado de desarrollo ('Tercer Mundo', 'Primer Mundo'), acontecimientos históricos ('Segunda Guerra Mundial', 'Revolución Mexicana', 'Revolución Cubana', 'Guerra de Vietnam'), premios y condecoraciones ('Orden del Águila Azteca'), residencias oficiales ('Los Pinos'), lemas ('Sufragio Efectivo, No Reelección'), acontecimientos deportivos ('Juegos Olímpicos', 'XXII Campeonato de Liga'), planes y programas oficiales ('Programa de Certificación de Derechos Ejidales y Titulación de Suelos Urbanos'), códigos y leyes ('Ley Federal del Trabajo', 'Ley de la Reforma Agraria'), apodos y su artículo precedente (*El Diablo* –véase *Itálicas o cursivas*); reuniones oficiales de asociaciones, gremios, colegios profesionales, organismos internacionales, etcétera ('XX Asamblea Nacional del PRI', 'Asamblea General de las Naciones Unidas'); las letras iniciales de los títulos o nombres de artículos, poemas, obras teatrales, canciones, películas, libros, discos, cuadros, reportajes, periódicos, revistas, etcétera. (Estos últimos nombres se escribirán, además, en cursivas –consúltese el artículo correspondiente.)

**9.** Llevarán mayúscula inicial los nombres de huracanes, animales y toda clase de vehículos. (Véase *Itálicas o cursivas.*)

**10.** Algunos autores recomiendan usar mayúscula inicial cuando, después de dos puntos, se abren comillas. En **Proceso** pondremos mayúscula después de dos puntos sólo cuando la oración sea sintácticamente independiente, es decir, cuando tenga sujeto, verbo y complemento, con o sin comillas.

# VII. Abreviaturas, signos y datas

**1.** Tanto en encabezados como en textos y pies de foto haremos todo lo posible para evitar las abreviaturas. Escribiremos, en consecuencia, 'licenciado', no 'Lic.'; 'etcétera', no 'Etc.'; 'norte', no 'N'; 'página', no 'pág.'. Sin embargo, podrán aparecer, por excepción, abreviaciones como 'AM' (antes de meridiano) y 'a. C.' (antes de Cristo), que se dejarán al criterio de editores y correctores.

**2.** Asimismo, aceptaremos abreviaturas en la data o fechado de las notas cuando el nombre de la localidad sea idéntico al nombre del estado, como en el caso de 'Oaxaca, Oax.', y 'Chihuahua, Chih.', mas en las datas que llevan nombres de localidades extranjeras, escribiremos éstos con todas sus letras junto con el país al que pertenecen. Las datas irán siempre en negritas, en altas y bajas y con la siguiente disposición: **LYON, Francia.-** Podrá omitirse el nombre del país o del estado de procedencia de la nota únicamente cuando sea obvio y no haya confusiones: **LONDRES.-** o **MONTERREY.-** Igualmente, el nombre del país puede no ser indispensable en casos evidentes: **MIAMI, Florida.-**

**3.** Salvo el signo %, que se empleará invariablemente en lugar de la expresión 'por ciento', para evitar la proliferación de estas palabras en los textos dedicados a la estadística, la economía y las elecciones, en la redacción habitual no habrá signos o abreviaturas. Rechazaremos # y 'No.' por 'número', $ por 'pesos', = por 'igual a', + por 'más', ÷ por 'entre', etcétera. Signos como el de porcentaje (%), que se empleará en los textos, y como el de pesos ($), que podrá usarse en cuadros estadísticos, no dejarán espacio ante la cifra: escribiremos 10%, y no 10 %; $120 millones, y no $ 120 millones.

**4.** Usaremos la voz 'hectáreas', no 'has.'; 'litros', no 'lts.'; 'kilogramos', no 'kgs.'; 'dólares', no 'dls.' ni 'Dls.'; 'vatios' y no 'vts.' ni 'V.', etcétera. Por supuesto, diremos 'metros cúbicos' o 'cuadrados' y no '$m^3$' ni '$m^2$'.

**5.** En cuadros estadísticos y gráficas, al igual que en documentos reproducidos literalmente y en algunas relaciones de las notas, puede ser inevitable la admisión de abreviaturas, pero siempre procuraremos desatarlas si esto no propicia confusiones en el lector.

**6.** La norma académica establece que las abreviaturas correspondientes a pesos y medidas del sistema métrico decimal se escribirán con minúsculas y sin punto: 'm', 'cm', 'km', etcétera. Al no poder eludir estas abreviaturas (por ejemplo, en algunas listas o series de récords deportivos), respetaremos las minúsculas que prescribe la RAE, pero pondremos siempre puntos ('m.') para no hacer nuevas excepciones en las formas de abreviar y para evitar que letras aisladas (como una 'a' de área) se confundan con erratas.

**7.** También por excepción, admitiremos algunas abreviaturas en los nombres de empresas y asociaciones: 'Autopartes, S.A.', y 'Centro de Desarrollo Comunitario, A.C.'. A diferencia de las siglas y acrónimos –que como formas de abreviación excepcionales se tratan aparte, en el siguiente capítulo–, las abreviaturas de razones sociales ('Sociedad Anónima', 'Asociación Civil', etcétera) llevarán puntos.

# VIII. Siglas y acrónimos

**1.** Las siglas (del latín *sigla*, 'cifra', 'abreviatura') son diferentes de los acrónimos (del griego *acros*, extremidad, y *onyma*, nombre). Ambas son formas de abreviación, pero a diferencia de las siglas, que abrevian sólo con las iniciales mayúsculas de un nombre (OEA: *O*rganización de *E*stados *A*mericanos), los acrónimos utilizan letras iniciales y sílabas del nombre, como en el caso de 'Sagarpa' (*S*ecretaría de *A*gricultura, *Ga*nadería, Desarrollo *R*ural, *P*esca y *A*limentación).

**2.** En **Proceso** las siglas llevarán únicamente mayúsculas, y los acrónimos, mayúscula inicial. Así, la sigla 'SHCP' (*S*ecretaría de *H*acienda y *C*rédito *P*úblico), y el acrónimo 'Sedesol' (*Se*cretaría de *De*sarrollo *Soc*ial) irán sin puntos.

**3.** Antes de recurrir a una sigla o a un acrónimo aparecerá completo el nombre correspondiente la primera vez que se cite: "La Secretaría de Educación Pública (SEP) informó que este año no habrá libros de historia", "La Confederación de Trabajadores de México (CTM) pedirá aumento general de salarios...", "La Compañía Nacional de Subsistencias Populares (Conasupo) ya fue prácticamente disuelta...". Luego de haber mencionado al menos una vez entre paréntesis la sigla o el acrónimo, será posible repetirlos sin *desatar*.

**4.** Queda proscrita la práctica de escribir la sigla o el acrónimo primero y, luego, entre paréntesis, el nombre original: "La SHCP (Secretaría de Hacienda y Crédito Público) logró que los causantes paguemos las deudas del Fobaproa". Evitaremos este uso porque tiende a dar mayor legitimidad a la sigla que al nombre.

**5.** En cabezas, datas y pies de foto podrán aparecer, sin *desatar*, ciertas abreviaturas, siglas y acrónimos, pero sólo cuando sean ampliamente conocidos; por ejemplo, los nombres 'Estados Unidos' ('EU'), 'Distrito Federal' ('DF'), 'Organización de las Naciones Unidas' ('ONU') y 'Secretaría de Relaciones Relaciones Exteriores' ('SRE'), que en los títulos consumen mucho espacio.

**6.** Bastará que alguna letra de una abreviación no corresponda a inicial de sustantivo, adjetivo, verbo o adverbio para que le demos el tratamiento de acrónimo, en el sentido de que lo escribiremos con inicial mayúscula y el resto con minúsculas. Así, por ejemplo, la abreviación de la 'Conferencia Permanente de Partidos Políticos de América Latina' ('Copppal') está conformada por letras iniciales, con excepción de la *o*. Este solo hecho, es decir, la inclusión de una letra minúscula, determinará que le demos el tratamiento de acrónimo. Lo mismo haremos con el 'Consejo Económico para América Latina' ('Cepal'), que tomó la *p* de la preposición *para.*

**7.** En ninguna circunstancia insertaremos minúsculas entre mayúsculas en el cuerpo de una sigla a causa de conjunciones, artículos o preposiciones de los nombres originales, aunque suelan hacerlo los organismos o dependencias de referencia: A la 'Secretaría del Trabajo y Previsión Social' la abreviaremos 'STPS', no 'STyPS'; 'Facultad de Ciencias Políticas y Sociales' será 'FCPS', no 'FCPyS'; 'Secretaría de Comunicaciones y Transportes', 'SCT', no 'SCyT', etcétera.

**8.** Si un dígrafo o letra doble, como la 'ch', entra a formar parte de una abreviación, ésta recibirá el tratamiento de acrónimo: 'Partido Comunista Chino' se abreviará 'Pcch'.

**9.** Aunque las dependencias y organismos, oficiales y privados, no están obligados a distinguir entre siglas y acrónimos, a nosotros importa sentar normas y uniformar su grafía. Así, a pesar de que el Consejo Nacional de Ciencia y Tecnología abrevia su nombre con la fórmula 'CONACYT', aquí lo trataremos como acrónimo: 'Conacyt', porque la abreviación incluye dos sílabas (*Co, Na*) y una letra que no es sustantivo ni adjetivo ni verbo ni adverbio: *y*.

**10.** En las siglas y acrónimos no se aceptarán tildes porque no son palabras corrientes que deban apegarse a las reglas de acentuación. Escribiremos 'Pemex' y no 'Pémex', 'Concamin' y no 'Concamín', 'Serfin' y no 'Serfín'.

**11.** No admitiremos letras dobles para expresar el plural en los acrónimos y siglas: 'Estados Unidos' será 'EU', no 'EE UU'. Tampoco 'EUA' ni 'USA'.

**12.** El género y el número de las siglas y los acrónimos quedarán señalados por los artículos que los preceden: '*el* Conacyt' (*el* Consejo), '*la* ONU' (*la* Organización), '*la* SRE' (*la* Secretaría), etcétera.

**13.** Ninguna sigla, acrónimo o abreviación de localidades o países llevará puntos intermedios: escribiremos 'DF', no 'D.F.'; 'EU', no 'E.U.'.

**14.** En algunas circunstancias se deben usar siglas o acrónimos que en su conformación preservan el orden del nombre en otro idioma. Verbigracia, 'UNESCO' (United Nations Educational, Scientific and Cultural Organization), 'GATT' (General Agreement on Tariffs and Trade), 'UNICEF' (United Nations International Children's Emergency Found), etcétera. Al escribir una sigla de este tipo –luego de haber consignado en español el nombre completo– aclararemos que la abreviación es así por el idioma del que procede: "Se prometió que el Acuerdo General sobre Aranceles y Comercio (GATT, por sus siglas en inglés) no sería alterado por el TLC".

**15.** En ninguna parte emplearemos 'AL' por 'América Latina' ni 'AC' por 'América Central'.

**16.** Cuando el reportero y el editor ignoren si la abreviación de un nombre –que puede ser raro o deficientemente transcrito– debe hacerse en forma de sigla o acrónimo, se escribirá como acrónimo, de acuerdo con la tendencia tipográfica de abatir al máximo las mayúsculas. Pero téngase en cuenta que no saber el nombre del cual procede una sigla o acrónimo viola la norma 32 del capítulo I, de modo que, antes de publicar así la abreviación, se hará todo lo posible por indagar su sentido; la excepción se justifica, por ejemplo, cuando la sigla o el acrónimo sin *desatar* proceden de documentos secretos, reservados o confidenciales, o bien, cuando estamos obligados a hacer transcripciones literales.

**17.** Pese a todos nuestros esfuerzos por uniformar el empleo de los acrónimos y siglas, existen algunas abreviaciones que, procedentes del inglés en su mayoría, deberemos respetar en su caprichosa grafía porque ya tienen un uso generalizado en español y, de otra forma, podrían ser irreconocibles. En seguida mencionamos los casos más frecuentes para fijar su forma de escritura, a la vez que nos referimos a su significado: 'TNT' (procedente de *trinotrotolueno*), 'DDT' (de *diclorodifeniltricloroetano*), 'LSD' (de *dietilamida del ácido lisérgico*), 'VHF' (de *very high frequency*), y 'LP' (de *long play*). También, 'láser' (de *light amplification by simulated emisión of radiation*/luz amplificada por la emisión estimulada de radiación), 'ovni' (objeto volador no identificado), 'sida' (síndrome de inmuno-deficiencia adquirida), 'radar' (de *radio-detection and ranging*/detección y localización por radio), 'motel' (de *motor hotel*) y 'ONG' (de organización no gubernamental). El género del artículo que preceda a 'la ONG' será femenino, y su número se indicará también mediante el artículo: 'las ONG', y no mediante la adición de una 's': 'ONGS' u 'ONGs'. Abreviaciones como 'láser', 'ovni', 'sida' y 'radar' pueden ser también identificadas como "siglónimos".

# IX. Números

**1.** En **Proceso** evitaremos el término 'millardo' mientras no tenga amplio uso en el habla y los medios de comunicación en México. La Real Academia Española consideró conveniente tomar esta expresión del italiano *miliardo* y del francés *milliard* para tener una equivalencia de la palabra *billion* estadunidense, que significa 'mil millones'. No se opone la RAE a que sigamos empleando esta última expresión, 'mil millones'. Sólo debemos tomar en cuenta que si el *billion* estadunidense significa 'mil millones', el *billion* del Reino Unido y de Alemania equivale justamente al 'billón' del castellano: 'un millón de millones'. Esto obliga a cualquier redactor, y en particular a los corresponsales extranjeros, a explicar entre paréntesis en qué sentido usan la palabra 'billón'.

**2.** Al empezar un párrafo y después de punto, procuraremos no escribir cifras o guarismos. Esto significa, por ejemplo, que si una nota o un párrafo comienzan con la cifra de un año ("1995 fue un año trágico"), la redacción podrá modificarse con fórmulas como: "El de 1995 fue un año trágico", o "Fue un año trágico el de 1995". En algunos casos, después de punto y seguido es relativamente fácil resolver el problema poniendo, en vez de punto y seguido, punto y coma, si este signo se justifica ortográficamente.

**3.** Las cifras mayores de nueve y menores de mil –excepto 'cien', si no lleva fracciones– las escribiremos con números o guarismos: '10 casas', '999 pesos'.

**4.** La cifra 'mil', cuando es *cerrada* y al usarse en el sistema mixto de escritura, irá también con letras.

**5.** Ante los sustantivos comunes (como 'cuatro sillas', 'nueve jueces', 'tres kilómetros', 'unas siete horas', 'menos de cinco pesos'), escribiremos con letra los números del uno al nueve.

**6.** Aunque la norma anterior resuelve y uniforma una gran cantidad de casos, su enunciación es tan sencilla y breve que podría parecer menos relevante que las excepciones procedentes. No es así. A continuación mencionaremos *todos* o *casi todos* los casos en que, obligados por diversos códigos, normas, tradiciones y usos tipográficos, escribiremos con guarismos, por excepción, los números del uno al nueve:

**6.1.** Cuando se trate del kilometraje de una carretera: 'kilómetro 9 de la carretera México-Cuernavaca'.

**6.2.** Cuando hablemos de grados de temperatura: '5 grados centígrados' (en general, en este caso no escribiremos el signo de grados: º).

**6.3.** Cuando mencionemos porcentajes: '1%'. No diremos 'uno%'.

**6.4.** Cuando se trate de una fecha: '6 de febrero', 'año 7 de nuestra era', etcétera. Sólo hay un caso en que podremos escribir una fecha con letra: "primero de febrero", "primero de mayo", y aun entonces, cuantas veces sea posible, diremos '1 de febrero', '1 de mayo', tratando de uniformar la escritura de las fechas.

**6.5.** Cuando se trate de grados sísmicos: '4 grados en la escala de Richter'.

**6.6.** Cuando empleemos fracciones: '1.5 kilogramos'.

**6.7.** Cuando incluyamos números de calles: 'bulevar Agua Prieta número 8'.

**6.8.** Cuando mencionemos calibres de armas: '9 mm.'. (En general, los calibres se escriben con un punto por delante si representan alguna fracción de medida: pistola .22, revólver .38, etcétera, pero hay algunos, como el de 9 mm., que implican unidades y que, por lo tanto, aparecerán sin punto.)

**6.9.** Cuando hablemos de grados y minutos de longitud y latitud: 2º3'. (En este caso, por excepción, podrá incluirse el signo de grados.)

**6.10.** Cuando escribamos tiempos, cilindradas, etcétera, de competencias deportivas: *La nueva marca, 3'5"*.

**6.11.** Cuando nos refiramos a unidades militares: 'Campo Militar Número 1'.

**6.12.** Cuando adoptemos el sistema mixto de escritura de los números, que será nuestra norma para los miles, millones, billones, etcétera: '2 mil 300 pesos', '5 millones 3 mil 7 pesos 9 centavos'.

**6.13.** Las cifras cien, mil, un millón, un billón, un trillón, si no tienen fracciones, irán con letra, pero a partir del número mil adoptaremos el sistema mixto de escritura. Los siguientes son ejemplos de esta norma que, por sí solos, deben resolver prácticamente todas las dudas al respecto.

–mil
–mil 135
–102 mil 288
–202 mil 874
–999 mil 999
–un millón
–1 millón 2 mil 587
–10 millones 99 mil 999
–100 millones 364 mil 99
–649 millones 872 mil 350
–999 millones 999 mil 999
–mil millones
–mil 1 millones
–mil 749 millones 982 mil
–2 mil 829 millones 829 mil 367
–999 mil 999 millones 999 mil 999

–un billón
–1 billón 10 mil millones 581
–10 billones
–999 billones 999 mil 999 millones 999 mil 999
–un trillón

**7.** En publicidad y cuadros estadísticos, así como en la reproducción de algunos documentos, es preciso abandonar el sistema mixto de escritura de los números. Emplearemos entonces el apóstrofo (') para los millones, la coma (,) para separar los miles y el punto (.) para los decimales: 5'426,500.17. (Recordemos que los españoles usan el punto para los millones y la coma para los decimales. No atenderemos la prescripción académica de utilizar coma decimal.)

**8.** A continuación se reproduce el sistema ordinal, cuya consulta puede ser de utilidad para evitar confusiones en la realización de nuestro trabajo:

> 1º primero; 2º segundo; 3º tercero; 4º cuarto; 5º quinto; 6º sexto; 7º séptimo; 8º octavo; 9º noveno; 10º décimo; 11º undécimo (no usaremos 'decimoprimero', aunque ya fue admitido por el *Diccionario*); 12º duodécimo (no emplearemos 'decimosegundo', aunque la RAE ya lo validó); 13º decimotercero; 14º decimocuarto; 15º decimoquinto; 16º decimosexto; 17º decimoséptimo; 18º decimoctavo; 19º decimonoveno; 20º vigésimo; 21º vigésimo primero; 30º trigésimo; 31º trigésimo primero; 40º cuadragésimo; 50º quincuagésimo; 60º sexagésimo; 70º septuagésimo; 80º octogésimo; 90º nonagésimo; 100º centésimo; 200º ducentésimo; 300º tricentésimo; 400º cuadringentésimo; 500º quingentésimo; 600º sexcentésimo; 700º septingentésimo; 800º octingentésimo; 900º noningentésimo; 1,000º milésimo; 100,000º cienmilésimo; 1'000,000º millonésimo.

**9.** Es incorrecto decir 'el onceavo (partitivo) campeonato', en vez de 'el undécimo (ordinal) campeonato'. También: 'la diecisieteava (partitivo) reunión', en vez de 'la decimoséptima (ordinal) reunión'.

**10.** A partir del 10º, inclusive, los números ordinales podrán escribirse también como cardinales: 'capítulo décimo (X)' o 'capítulo 10', 'artículo undécimo (XI)' o 'artículo 11', 'sexagésimo (LX) aniversario', o '60 aniversario', pero, en lo posible, se adoptarán las formas usuales en el código de que se trate.

**11.** Se dirá, en singular, 'los años veinte' o 'los años 20', no 'los años veintes' ni 'los años 20's', pues el uso del plural es un anglicismo injustificado. No obstante, siempre que sea posible, escribiremos, en un mejor español: 'el segundo decenio' o la 'segunda década' del siglo.

**12.** Las cifras que designan un año determinado irán con guarismos, pero éstos nunca llevarán coma (,) en ninguna parte. De modo que jamás escribiremos 'el año 2,000' (lo correcto es '2000') ni '1,998' (lo apropiado es, desde luego, '1998').

# X. Diccionario de dudas

# a

**a.** No obstante que la RAE sigue oponiéndose a los galicismos 'normas *a* seguir', 'tareas *a* realizar', su uso es tan generalizado en los ámbitos político, burocrático, académico y mediático que los aceptaremos en **Proceso.** Asimismo, antes era regla utilizar la preposición 'a' frente a nombres de países o ciudades. En este caso ha ganado el uso y ahora los propios académicos admiten escribir 'no conozco Guatemala' o 'he recorrido Quintana Roo'. Han sido igualmente validadas expresiones como 'olla a presión' y 'avión a reacción', las que también acogeremos, aunque nos seguiremos resistiendo a fórmulas como 'cocina a leña' o 'estufa a gas'. Escríbase 'cocina de leña' o 'estufa de gas'.

**abecé.** Formada de las letras 'a, b, c' de nuestro alfabeto, esta voz indica 'rudimentos o principios de una ciencia o facultad, o de cualquier otro orden de conocimiento': "el 'abecé' del periodismo". No existe, pues, motivo válido para escribir 'el *ABC* (o *abc*) del periodismo'.

**abertura** y **apertura** son ambas 'acción de abrir'. Sin embargo, 'abertura' tiene un sentido material y concreto: es 'lo que está abierto' o tiene forma de 'boca, hendidura, agujero o grieta', por lo que se emplea correctamente en el siguiente ejemplo: 'El paso del camión provocó una *abertura* (no *apertura*) en el pavimento'. 'Apertura', en cambio, tiene un sentido inmaterial: '*apertura* de cursos', '*apertura* (no *abertura*) de China hacia las naciones de Occidente'.

**abigarrar.** No obstante que 'abigarrar' es, entre otras cosas, 'amontonar' o 'apretujar', tiene la connotación de 'enmarañar' o 'entremezclar' y, en consecuencia, no debe usarse como sinónimo de 'abarrotar', que es llenar por completo un espacio.

**abocarse.** 'Abocarse a' significa 'juntarse de concierto una o más personas con otra u otras para tratar un asunto o negocio', pero como ya se ha extendido la acepción de 'dedicarse a', en nuestra escritura la aceptaremos de esta forma cuando sea inevitable, conscientes de que es una expresión que se confunde con el término judicial 'avocarse a', con 'v'; esta voz, que designa un procedimiento judicial mediante el cual un tribunal reclama un caso de otro inferior, prácticamente se halla en desuso, y nada tiene qué ver con 'abocarse a'.

**abolir.** Se trata de un verbo defectivo sólo conjugable en las formas que tienen 'i' en la desinencia. Podrá decirse, por tanto, 'yo abolí', pero no 'yo *abuelo*' o *abolo*.

**a bordo de.** Contra la norma estilística de economía o brevedad, se recurre con exceso a esta locución en procura de un cierto ritmo o de una mal entendida elegancia. Nosotros procuraremos escribir 'huyó en su automóvil', y no 'a bordo de su automóvil'. Debido a que no se admite la grafía 'abordo', en una sola palabra, si no es con el sentido de 'abordaje', cuando la expresión resulte inevitable emplearemos dos voces separadas en frases como: "El diplomático enfermó 'a bordo' del trasatlántico en que viajaba", o bien: "Come ahora tú, porque yo lo haré 'a bordo' del tren".

**a cabo.** En el medio periodístico, más que en ningún otro, se abusa de esta locución. 'Llevar a cabo' significa *terminar, finalizar, concluir,* de manera que, por economía verbal, utilizaremos estas y otras sinonimias cuando 'llevar a cabo' no sea una declaración textual o cita que estemos obligados a reproducir.

**acabóse.** Las normas ortográficas de 1959 establecieron que esta voz, y otras similares terminadas con enclítico, debían acentuarse gráficamente. Las nuevas normas ponen fin a esta regla. Sin embargo, nosotros seguiremos aplicándole tilde. (Véase **acentuación.**)

**academicismo.** Aunque algunas autores proponen 'academismo', aquí mantendremos el término recomendado por el *Diccionario*: 'academicismo'.

**a capela.** Escríbase así, en español, y no *a cappella,* en italiano.

**acentuación.** Una de las consecuencias de la *Ortografía de la lengua española* de la RAE (Espasa, 1999) fue introducir nuevas ambigüedades y confusiones en una de las materias que desde 1959 aparecían más claramente reglamentadas de toda la gramática: la acentuación.

Así, por ejemplo, en la vigésima segunda edición del *Diccionario de la lengua española* (Espasa, 2001) encontramos una doble manera de escribir la palabra guión: **guion** o **guión**, cuya sucesión significa que la RAE prefiere la primera forma, sin acento gráfico.

El *Diccionario panhispánico de dudas* (Santillana, 2005) aclara que esa "doble grafía, con o sin tilde, responde a las dos formas posibles de articular esta palabra: con diptongo (*guion* [gión]), caso en que es monosílaba y debe escribirse sin tilde; o con hiato (*guión* [gi - ón]), caso en que es bisílaba y se tilda por ser aguda acabada en *–n.*".

Como el criterio adoptado por la RAE es que toda combinación de vocal cerrada átona y abierta tónica se considere diptongo a efectos de acentuación gráfica, dicha medida significa que las siguientes voces deberán también escribirse sin tilde: *Sion, truhan,* y los pasados de los verbos *criar* (*crie, crio*), *fiar* (*fie, fio*), *fluir* (*flui*), *freír* (*frio*), *guiar* (*guie, guio*), *huir* (*hui*), *liar* (*lie, lio*), *reir* (*rio*).

Sin embargo, luego de señalar que a efectos ortográficos los pretéritos perfectos simples mencionados son monosílabos, la *Ortografía* termina advirtiendo que "es admisible el acento gráfico, impuesto por las reglas de ortografía anteriores a estas, si quien escribe percibe nítidamente el hiato y, en consecuencia, considera bisílabas palabras como las mencionadas: *fié, huí, riáis, guión, Sión,* etcétera".

Así pues, eliminar dichos acentos no es propiamente una norma, sino una propuesta o recomendación que en **Proceso** no adoptaremos. En primer lugar, porque multiplica las dudas de los hispanohablantes, y en particular de los comunicadores, con sutilezas fonéticas que amenazan con arrojarnos a discusiones bizantinas (por ejemplo, la RAE dice que en México la palabra *guión* se pronuncia con diptongo, aunque para varios autores ocurre lo contrario: se articula con hiato); en segundo lugar, porque preferimos no desconcertar a los lectores que tanto tiempo necesitaron para normalizar –por hábito y por norma académica– la grafía que se impuso y que sigue utilizando la mayoría de quienes escriben; y en tercero, porque propuestas fonológicas de este orden, en aras de la unidad del idioma, debieran fundarse no en el criterio y el oído de unos cuantos académicos, sino en rigurosas investigaciones (que podrían incluir una especie de "encuestas fonológicas" entre quienes hablamos español de un lado y otro del Atlántico, por regiones).

Debido pues a que, para efectos de acentuación, optaremos por la mayor parte de los criterios establecidos en la *Ortografía* de 1959, seguiremos considerando monosílabos las palabra *vio*, *dio, fue, fui,* etcétera, que se escribirán sin tilde, pero mantendremos el acento gráfico en *guión, Sión, fié, huí, riáis, rió,* etcétera.

Respecto al acento diacrítico, que de acuerdo con las nuevas normas académicas sólo deberá emplearse cuando pueda producirse una anfibología, **Proceso** lo utilizará invariablemente para reducir las dudas y normalizar la escritura: *aún, dé, él, más, mí, sé, sí, sólo, té, tú, éste, ésos, aquél, aquéllos,* etcétera, llevarán tilde cuando corresponda aunque no existan riesgos de anfibología.

En el caso de las palabras con enclítico, **Proceso** seguirá poniendo acento a voces como *acabóse*, *cayóse, pidióle, mintióle,* etcétera, mientras la eliminación de esa tilde que ahora prescribe la Academia (*cayose, pidiole, mintiole,* por incorporarlas a la regla de palabras graves terminadas en vocal) no se generalice en toda Hispanoamérica.

La *Ortografía de la lengua española* establece que "las voces y expresiones latinas usadas en nuestra lengua se acentuarán gráficamente de acuerdo con las normas generales del español. Ejemplos: *transeat, ítem, accésit, memorándum, exequátur, alma máter*". En tanto que el *Diccionario panhispánico de dudas* señala: "Las voces y expresiones latinas utilizadas corrientemente en español se someten a las reglas de acentuación: *tedeum* (sin tilde, por ser palabra aguda terminada en *-m*); *quórum* (con tilde, por ser palabra llana terminada en *-m*); *hábeas corpus* (*hábeas* lleva tilde por ser una palabra esdrújula, mientras que *corpus* no la lleva por ser llana terminada en *-s*)". Pero advierte que "las palabras latinas usadas en el nombre científico de las categorías taxonómicas de animales y plantas (especie, género, familia, etcétera) se escriben siempre sin tilde, por tratarse de nomenclaturas de uso internacional: *Rana sphenocephala, Quercus ilex, familia Pongidae*".

Adoptaremos estas normas sobre las expresiones latinas, pero, con unas cuantas excepciones que se indican en el cuerpo del *Manual de estilo de* ***Proceso***, seguiremos escribiéndolas en cursivas. (Véanse el capítulo *Itálicas o cursivas* y **latinismos.**)

Los vocablos de otras lenguas que no han sido adaptados al español se transcribirán en cursivas y sin los acentos que no lleven en su idioma original, con excepción de los latinismos por lo que se refiere al acento gráfico. (Ver *Itálicas o cursivas* y **latinismos.**)

**acervo.** No debe confundirse este término con *acerbo*, que significa 'áspero, cruel, amargo'. 'Acervo' equivale a 'montón o conjunto de cosas'. Así pues, diremos: 'crítica *acerba*' y '*acervo* cultural'.

***a contrario sensu.*** No es correcto registrar esta locución, que quiere decir 'en sentido contrario', bajo la forma *contrario sensu,* sin preposición.

**acuerdo.** A pesar de que su uso está muy extendido, se recomienda evitar la fórmula 'de acuerdo a' y sustituirla por 'de acuerdo con': "*De acuerdo con* su tesis, el problema es más complejo".

**adagio.** Este vocablo aparecerá así en referencia a una 'sentencia breve, de carácter moral', pero irá en cursivas si indica un movimiento o fragmento musical: *adagio*.

***addenda,*** 'añadido' o 'apéndice de un libro o artículo', debe sustituirse por el vocablo castellanizado 'adenda'.

**adecuar** es un verbo que, para efectos de acentuación, se conjuga como averiguar, por lo que expresaremos 'yo adecuo', no 'yo *adecúo*'. Esta regla es válida para todos los verbos cuyos infinitivos terminen en *cuar* o *guar*, como 'licuar', 'evacuar' o 'averiguar'.

**adelante,** adverbio de lugar, se emplea acompañado de verbos de movimiento y significa 'hacia la parte que está delante del sujeto': *sigan adelante*. Es impropio aplicarlo a lo que está frente a un objeto o persona; en esta situación lo apropiado es *delante de*. Por ejemplo: "La tienda está 'delante de' la farmacia".

**adentro.** Como en el caso de 'adelante', procúrese utilizar esta voz cuando la frase implique movimiento: 'lo conduje hacia *adentro*'. Pero: 'El maletín está *dentro* del coche'. Asimismo, se escribirá 'para sus *adentros*'.

***ad hoc,*** 'dispuesto para un fin', irá en itálicas.

***ad hóminem,*** 'al hombre, a la persona', es una locución empleada para advertir que se ataca, critica o responde a un individuo y no a sus argumentos. Se transcribirá en cursivas y con tilde.

**Adís Abeba.** Escribiremos así, y no 'Addis Abeba', el nombre de la capital de Etiopía.

***a divinis,*** 'lejos de lo divino', es un latinismo utilizado sobre todo en el medio clerical. Un sacerdote puede ser inhabilitado *a divinis* para ejercer su ministerio. Se mantendrá en itálicas.

***adlátere*** proviene del latín *a látere* ('al lado') y suele aplicarse a una persona subordinada o inseparable de otra. Se escribirá así, en cursivas, con tilde y en una sola voz.

**administración.** Tanto los reporteros como los editores y colaboradores evitaremos –inclusive en las citas textuales– expresiones como *la administración Bush* para referirnos al periodo de gobierno de algún presidente de Estados Unidos. Es un anglicismo inadmisible. Escríbase *administración de Bush*, o como corresponda al ocupante en turno de la Casa Blanca.

***ad náturam,*** 'conforme a la naturaleza', se empleará en cursivas y con acento gráfico.

**adonde** y **adónde** pueden ya utilizarse –en sus funciones de adverbio relativo, interrogativo o exclamativo–, si así se prefiere, en forma separada: *a donde, a dónde.*

**adondequiera** significa 'a cualquier parte'. Va en una sola voz y se acompaña comúnmente del relativo 'que', como en la oración: '*adondequiera* que vayas, te seguiré'.

**adquirente** diremos, no 'adquiriente'.

**aeróbic.** Esta palabra, procedente del inglés, ya entró a nuestra lengua y, por lo tanto, deberá ajustarse, así, con tilde, a las normas de acentuación.

***affaire.*** Como ha sido inútil la insistencia en reemplazar esta voz francesa por los vocablos 'caso', 'escándalo', 'aventura', admítase en cursivas cuando se considere más apropiada que sus equivalentes en español.

**a fin.** Las expresiones 'a fin de' o 'con el fin de' son correctas, y no tenemos predilección por alguna de ellas.

**afrodisiaco,** como 'policiaco', no llevará acento gráfico.

**agilitar** y **agilizar** son ambas apropiadas, mas nos inclinamos por 'agilizar', con todas sus conjugaciones.

**agravante.** En medios jurídicos, exige artículo femenino: 'la (circunstancia) agravante', pero en otros ámbitos puede admitirse el artículo masculino.

**agredir.** Este es un verbo defectivo que sólo se conjugaba en las formas con 'i' en la desinencia, conforme al modelo 'abolir'. Era correcto escribir: 'ellos *agredieron*', pero no 'ellos *agreden*'. La última edición del *Diccionario*, sin embargo, ha aceptado su empleo –por uso extendido– en todas las formas de conjugación. De modo que ahora podemos expresar 'yo *agredo*', 'tú *agredes*', '*él agrede*', etcétera.

**agujerar** y **agujerear** pueden emplearse indistintamente, aunque nos inclinamos por 'agujerar'.

**a gusto.** La locución 'a gusto' aparecerá en dos voces, no 'agusto'.

**ahorita** y **ahoritita** son diminutivos de 'ahora' que se usan coloquialmente en varios países de América. Podrán incluirse en entrevistas y en la reproducción literal de textos, pero en la escritura regular deberá mantenerse la voz 'ahora'.

**a la mayor brevedad.** Elíjase la forma 'con la mayor brevedad' cuando no se trate de una declaración o una cita que deban reproducirse literalmente.

**Alaska.** Su gentilicio es 'alasqueño'.

**Albuquerque,** ciudad de Nuevo México, Estados Unidos, no debe confundirse con 'Alburquerque', un municipio de España.

**alcalde** es el presidente municipal de un ayuntamiento, y no equivale a 'edil' y 'munícipe'. (Ver **munícipe.**)

**alimentario.** Suele confundirse con 'alimenticio'. 'Alimentario' es 'lo referente a la alimentación', y 'alimenticio' lo que nutre: 'industria *alimentaria*' y 'producto *alimenticio*', pero no al revés.

**alinear.** Este verbo, al igual que 'delinear' y 'entrelinear', no admite tilde en la 'i' de conjugaciones como 'alineo' y 'alinean'.

**al objeto de.** Escríbase 'con el objeto de'.

**a lo largo y a lo ancho de.** Evitaremos esta enfadosa e inútil locución. Sustitúyase por las formas más breves y precisas.

**a lo mejor** es una frase adverbial de duda, equivalente a 'quizá'. Generalmente irá acompañada por un verbo en presente de indicativo: '*a lo mejor* ya no salgo de aquí', y no: '*a lo mejor* ya no saldré'. Tampoco podrá decirse *a la mejor*.

**a lo que se ve.** Lo correcto es 'por lo que se ve'.

**a lo que veo.** Dígase 'por lo que veo'.

***álter ego.*** Esta locución latina, cuya traducción es 'el otro yo', seguirá en itálicas y no será alterada en plural: 'los *álter ego*'.

**alto.** No obstante que se recomienda utilizar la expresión 'alto el fuego', la RAE acepta el uso americano de 'alto al fuego'. Podremos usarla de ambas formas, pero no se modificará en plural: 'los *alto al* fuego'.

**aludir** y **alusión** indicaban antes sobre todo la referencia tangencial, velada, indirecta a algo o a alguien que no se quería mencionar por su nombre. Aunque el *Diccionario* incluye ahora una segunda acepción ("referirse a alguien o a algo, mencionarlo"), en **Proceso** reservaremos las palabras 'aludir' y 'alusión' para la referencia indirecta, y en los demás casos diremos simplemente 'mención', 'referencia', etcétera, pues con la segunda acepción académica el verbo 'aludir' pierde originalidad, exclusividad y el fundamento mismo de su existencia. Así, podremos decir: "En su discurso, el presidente sólo 'aludió' a los medios de comunicación que criticaron su decisión, pero 'mencionó' a aquellos que la promovieron".

**alveolo.** Esta voz puede también articularse con tilde: 'alvéolo', mas preferimos 'alveolo'.

**alzhéimer.** Se recomienda usar esta palabra con mayúscula y sin acento gráfico al hablar del mal o *la enfermedad* *de Alzheimer*, para respetar la grafía del apellido de quien le dio su nombre, y con tilde y minúsculas en frases como la siguiente: 'En México están aumentando cada año los casos de alzhéimer'.

***amateur***, que en francés significa 'aficionado' o 'no profesional', continuará en itálicas, pero 'amateurismo', que es la legitimación en español de un derivado de esa palabra, irá en rectas o redondas.

**ambages,** 'rodeos' o 'circunloquios', no admite 'j'.

**Amberes.** El gentilicio de esta ciudad belga es 'amberino'.

**América** es el nombre de todo el continente americano. En consecuencia, 'americano' debe calificar a todos los nativos del continente. 'Norteamericano', de igual forma, corresponde a los nativos de América del Norte –de Alaska al Istmo de Tehuantepec–. De modo que la mayor parte de los mexicanos, incluidos los habitantes del Distrito Federal, somos, también, norteamericanos. No deberá, pues, utilizarse 'americanos' ni 'norteamericanos' como gentilicio de los naturales de Estados Unidos, a quienes llamaremos 'estadunidenses'. Obviamente, de ninguna manera se podrá decir 'América' para referirse a Estados Unidos.

**amiba.** Debido a que esta grafía es la más extendida en nuestro país, seguiremos empleándola en vez de *ameba*, más socorrida en otras partes.

**amoniaco,** al igual que 'policiaco', se escribirá sin tilde, aunque no es incorrección ponérsela.

**ampáyer,** adaptación del inglés *umpire*, irá en redondas y con acento gráfico, al igual que 'cátcher' y 'pítcher'. (Ver estas voces.)

**Ámsterdam,** capital de los Países Bajos, lleva tilde.

**analfabeto** no es un sustantivo de género común. De manera que un varón no es 'analfabeta', sino 'analfabeto'.

**anatema** se ha usado con los dos géneros. Uniformaremos su escritura en masculino: '*el* anatema'.

**Antioquía,** con tilde, y 'Antioquia', sin ella, son lugares diferentes. El primer nombre corresponde a la antigua capital de Siria, y el segundo, sin acento gráfico, a un departamento de Colombia.

**antípoda.** Este sustantivo, referido a persona o lugar, puede acompañarse con artículo femenino o masculino. Regularemos su uso en femenino: '*la* antípoda'.

***apartheid*** se registrará en itálicas cuando 'racismo', 'segregación' o 'discriminación' no sean pertinentes.

**apócope.** No obstante que en México solemos hacer masculina esta palabra ('el apócope'*)*, la RAE y la mayoría de los diccionarios la hacen femenina. Escribiremos, pues, '*la* apócope'.

***a posteriori*** significa literalmente 'de lo posterior', y comúnmente se aplica a una conclusión sobre un hecho o fenómeno analizado. Irá en cursivas.

**apóstrofo** es un signo ortográfico ('). 'Apóstrofe', en cambio, es una figura retórica que consiste en 'dirigir la palabra con vehemencia a una o varias personas', como en este ejemplo: "El maestro lanzó una serie de 'apóstrofes' a los muchachos" –los apostrofó.

***a priori*** indica un juicio previo; irá en itálicas.

**árbitro.** En virtud de que este sustantivo admite ya también la forma femenina ('árbitra'), en vez de 'la árbitro' diremos 'la árbitra'.

**arco iris** irá en dos palabras, pese a la recomendación académica de articularla en una con tilde: 'arcoíris'.

**arrellanarse** quiere decir 'ensancharse y extenderse en el asiento con toda comodidad y regalo'. No se escriba *arrellenarse*, sino 'arrellanarse' en el sillón.

**ascendente** y **ascendiente** son formas en participio activo del verbo 'ascender'; pero si 'ascendente' es 'lo que asciende', 'ascendiente' designa a una persona de la que alguien desciende (padre, madre, abuelos) e indica el predominio o influencia moral de un individuo sobre otro.

**asechar** y **acechar,** si bien provienen de la misma raíz, tienen sentidos distintos. 'Acechar' y sus derivados ('acechanza', 'acecho') quieren decir 'observar', 'vigilar', 'estar alerta', en tanto que 'asechar' y sus derivados son sinónimos de 'engañar', 'amenazar' o 'amagar'. Se trata de un ligero matiz, pues muchas veces el 'acecho' (la vigilancia) es interpretado como una amenaza por el objeto de esa observación. Sin embargo, debe distinguirse con propiedad "una 'asechanza' de guerra" de "un 'acecho' desde las murallas".

**aserrar,** no *serrar*, indicará el acto de cortar con sierra.

**aserrín** denominaremos al conjunto de las partículas de madera aserrada, no *serrín.*

**asesinato,** de acuerdo con el *Diccionario*, es 'matar a alguien con premeditación, alevosía, etcétera', en tanto que 'homicidio' es 'un delito consistente en matar a alguien sin que concurran las circunstancias de alevosía, premeditación o ensañamiento'. Tómese en cuenta la distinción. (ver **homicidio.**)

**asimismo.** La vigésima primera edición del *Diccionario* (1992) admitía dos formas de uso de esta voz: en una palabra ('asimismo') y en dos ('así mismo'), pero privilegiaba ésta última ('así mismo'), con la siguiente definición: "**así mismo.** loc. adv. De este o del mismo modo". Esta circunstancia, y el hecho de que en México la pronunciación da mayor énfasis a la primera 'i' de 'así mismo', nos condujo a proponer, en la primera edición del *Manual de estilo de* ***Proceso***, uniformar su escritura en dos palabras. Como la propuesta no tuvo eco en otros medios, y la nueva edición del *Diccionario* (2001) ya sólo la registra en una sola voz, nos sumaremos al uso generalizado en una palabra ('asimismo'), aunque el

*Diccionario panhispánico de dudas* acepta algunos casos en los que podrían emplearse dos.

**asma.** Como esta es una palabra femenina a la que se aplica un artículo masculino ('*el* asma') para evitar la cacofonía '*la* asma', atiéndase la norma de que los adjetivos que la acompañen adoptarán una forma femenina: '*el asma violenta* que lo atacó le hizo perder el sentido'.

**asolar.** Debemos ser cautos con el empleo de este verbo porque tiene dos significados sustancialmente diferentes. Es irregular, y se conjuga como 'acordar', en el sentido de 'mandar al suelo, destruir, arruinar o arrasar'. Cuando hace referencia al sol o a la sequía es, en cambio, un verbo de conjugación regular. Un ejemplo para el segundo caso: "el calor 'asola' territorios", con el sentido de que el sol quema, calcina. Y otro para el primero: "Los terremotos 'asuelan' ciudades", es decir, las abaten o echan por los suelos. Esto, pese a que hoy existe la tendencia a disolver las diferencias.

**asumir.** Utilizaremos este verbo en su significado de 'atraer a sí, tomar para sí': *asumió sus funciones*, pero lo proscribiremos en la connotación de 'tomar forma' o 'incrementarse', como en el siguiente ejemplo, donde resulta galicismo: "El accidente 'asumió' proporciones insospechadas". Tampoco se empleará como equivalente de 'suponer' o 'presumir' ("Los historiadores 'asumen' que nuestra Independencia se halla relacionada con la de Estados Unidos"); en este caso se trata de un anglicismo.

**atentar a** es una expresión impropia que deberá reemplazarse por 'atentar contra'.

**atenuante.** A pesar de que esta voz admite construcciones en masculino y en femenino ('el atenuante' y 'la atenuante'), en el ámbito jurídico será siempre femenina: 'la (*circunstancia*) atenuante'. (Véase **agravante.**)

**atmósfera.** Aunque el *Diccionario* acepta 'atmósfera' y 'atmosfera', con y sin tilde, en los artículos dedicados a 'ionósfera' y 'estratósfera' advierte que así, con tilde, son americanismos, y prefiere ‘ionosfera’ y ‘estratosfera’ con acentuación fonética grave. Nosotros adoptaremos el americanismo porque, en efecto, la mayoría pronuncia y escribe estas voces con la acentuación correspondiente a las esdrújulas. Haremos otro tanto con ‘biósfera’, ‘hidrósfera’ y todas las palabras compuestas que terminen en *–sfera.*

**audiovisual** es un adjetivo (*curso audiovisual*) que procuraremos no emplear en calidad de sustantivo, como en la expresión *audiovisual educativo.*

**aún.** Esta voz reclama tilde cuando puede ser sustituida en la frase por el adverbio ‘todavía’: “No ha llegado ‘aún’ la nueva edición de la revista, y ‘aún’ queremos el número anterior”. No llevará acento gráfico con el sentido de ‘hasta’, ‘siquiera’, ‘incluso’ o ‘aunque’: “Tendré paciencia, ‘aun’ (*aunque*) cuando la semana pasada no pude conseguirla”; o bien: “Obtuvo la nacionalidad checa, aun (*incluso* o *inclusive*) antes de abandonar México”.

**autodidacta.** A pesar de que este adjetivo puede llevar dos terminaciones, una para cada género (‘autodidacto’, ‘autodidacta’), se considera correcto que ante sustantivos masculinos se utilice también su forma femenina: ‘ese es un mecánico *autodidacta*’.

**automotriz** es un adjetivo de género femenino; su forma masculina es ‘automotor’. Debe decirse ‘la industria *automotriz*’, pero no ‘taller *automotriz*’, sino *automotor* o *automovilístico.*

**ayatola** no se registrará con tilde aunque en España prevalezca el empleo de la adaptación ‘ayatolá’.

**ayudante** es de género común y, en consecuencia, debemos evitar el incipiente empleo de ‘ayudanta’.

**Azerbaiyán** es la forma en español que adoptaremos para referirnos a este país asiático que perteneció a la Unión Soviética, no el inglés *Azerbaijan* ni el francés *Azerbaidjan.* Su gentilicio es ‘azerbaiyano’.

# b

**bádminton** aparecerá con tilde y en redondas.

**bafle** es una adaptación gráfica del inglés *baffle* que ha tenido amplia aceptación en el habla y la escritura. Así lo uniformaremos.

**Bahréin,** país del sudoeste asiático, se escribirá con acento gráfico porque al ingresar a nuestra lengua habrá de someterse a sus reglas de acentuación: es una palabra aguda terminada en 'n'. El gentilicio es 'bahreiní', 'bahreiníes'.

**baladronada.** Pese a que en algunas regiones ha predominado la construcción 'balandronada' ('brabuconada' o 'fanfarronada'), los académicos preconizan no pronunciarla así porque contiene una 'n' antietimológica. Escribiremos, pues, 'baladronada'.

**balbucear** y **balbucir** son ambas formas correctas, sólo que el *Diccionario* prefiere la segunda porque concuerda con la grafía que este verbo tiene en latín: *balbutire*. El problema es la conjugación, porque 'balbucir' es un verbo defectivo que no puede conjugarse en presente de subjuntivo ni en la primera persona del singular del presente de indicativo. Por eso la RAE dispone que en estas personas y tiempos se adopte el modelo de 'balbucear' al conjugarlo: primera persona del presente de indicativo: 'yo balbuceo'; presente de subjuntivo: 'yo balucee', 'tú balbucees', 'él balbucee', 'nosotros balbuceemos', 'vosotros balbuceéis', 'ellos balbuceen'. Pero: 'yo balbucí', 'tú balbuciste', 'él balbució'; 'yo balbucía', 'tú balbucirías', etcétera.

**ballet.** No ha prosperado la iniciativa académica de adaptar al español este sustantivo de origen francés bajo la forma de 'balé'. Como es un término de uso muy frecuente en México, no tenemos más remedio que aceptarlo tal cual, 'ballet', en redondas, porque en su pronunciación todo mundo incluye la 't', y la 'll' se articula 'l' de manera natural.

**bambú** lo pluralizaremos 'bambúes'.

**bangladesíes** es el gentilicio de los naturales de Bangladesh (antiguo Paquistán Oriental). A pesar de que en una época más remota se llamó 'Bengala Oriental', es incorrecto el gentilicio *bengalíes*, ya que *bengalí* es un grupo étnico y el Estado indio de Bengala Occidental.

**barman** ya forma parte del español y designa al 'encargado de servir o preparar bebidas alcohólicas en la barra de un bar'.

**basorí, basoríes,** es el gentilicio de la ciudad iraquí de Basora.

**basquetbol** irá en redondas y sin tilde cuando no resulte pertinente su transcripción como 'baloncesto'. También se registrará en redondas la abreviatura 'básquet', pero en este caso con acento gráfico porque es palabra grave terminada en consonante que no es 'n' ni 's'.

**bat.** El *Diccionario* ha adaptado esta palabra del inglés *bat* –palo con el que se pega a la pelota en el beisbol– en la forma de 'bate', y el *Diccionario panhispánico de dudas* advierte que "debe evitarse el empleo de la forma inglesa (bat), aún frecuente en países como México". Aquí seguiremos escribiendo 'bat' en redondas en apego a nuestra habla.

**Baviera** será el nombre que daremos al estado germano que en alemán se denomina *Bayern* y que en inglés cobra la forma de *Bavaria*. El gentilicio es 'bávaro'.

**bazuca.** El *Diccionario* ya recoge este término así, de modo que no es necesaria la grafía inglesa *bazooka.* Si se prefiere, puede emplearse, en español puro, *lanzagranadas.*

***beige*** es un adjetivo francés que indica un color castaño claro y que el *Diccionario* ha querido trasladar al español como 'beis'. Debido a que será difícil modificar la pronunciación tradicional de los mexicanos (*beich*), mantendremos las cursivas.

**beisbol,** adaptación del inglés *base ball*, será nuestra grafía, no la recomendada por la Academia: 'béisbol'. Igualmente aceptaremos 'beis', como apócope, en redondas.

***best seller,*** 'el libro más vendido' o uno de los más exitosos en ventas, seguirá en itálicas.

**bianual** significa "dos veces por año" (no necesariamente "cada seis meses"), en tanto que *bienal* es "lo que sucede o se repite cada dos años".

***Biblia.*** Para no hacer excepciones en la escritura de los títulos de libros, escribiremos *Biblia* con cursivas, como lo haremos con el *Corán*, el *Tao The King*, los diferentes títulos de los *Vedas,* el *Libro tibetano de los muertos* y *Cien años de soledad*. Puede usarse 'biblia' con minúsculas y en rectas en frases como las siguientes: "Nadie ha escrito 'la biblia' del periodismo".

**bidé** es la grafía que aceptaremos para la palabra francesa *bidet*, que literalmente significa 'caballito'.

**biempensante.** Aunque el *Diccionario* es en este caso consecuente con la regla de no escribir 'n' antes de 'p' (*bienpensante*), registra la voz 'bie*n*placiente', que sólo podría justificarse porque es un anacronismo previo al establecimieno de la norma. Diremos 'biempensante', con 'm'.

***Big Bang,*** como expresión que indica la 'gran explosión' original del universo, se escribirá con mayúsculas iniciales y en itálicas.

**billón,** en español, significa 'un millón de millones', pero en el inglés de Estados Unidos (no en el británico) el término equivalente, *billion,* indica 'mil millones'. A fin de resolver las numerosas confusiones que esta palabra y su traducción generan, la Academia admitió recientemente el neologismo 'millardo' (tomado del francés *milliard* y del italiano *miliardo*) para señalar 'mil millones'. A pesar de que esta determinación es atinada, no será posible emplear dicha voz mientras no tenga una amplia aceptación. En consecuencia, tendremos especial cuidado en traducir el *billion* estadunidense como 'mil millones'. Y para nosotros 'billón' seguirá significando 'un millón de millones'. Sin embargo, cada vez que usemos la palabra 'billón' en una nota, debemos ofrecer a los lectores, la primera vez que se registre en el cuerpo del texto, la explicación correspondiente: "Calcula que en su país circulaban 'un billón' (un millón de millones) de ejemplares de libros".

**biósfera** puede escribirse también 'biosfera', sin tilde, pero nosotros lo someteremos al mismo régimen de 'atmósfera', 'ionósfera', 'estratósfera', etcétera.

**biquini** es la forma como registraremos este sustantivo tomado del inglés *bikini*.

***bis*** quiere decir 'dos' o 'dos veces'. Figurará en cursivas.

**bísquet,** mexicanismo tomado del inglés *biscuit,* irá en redondas y con acento gráfico.

**bit,** neologismo calcado del inglés con la misma grafía, es acrónimo de '*bi*nari digi*t*'. Significa 'dígito binario', y se ha vuelto tan necesario en informática que lo adoptaremos en rectas. Pero recuérdese que una palabra parecida, *byte* (que continuará en itálicas), es otra cosa: una unidad de información que contiene ocho 'bits'.

**bizcocho.** No obstante que esta palabra puede aparecer también con 's', preservaremos la tradición mexicana de escribirla con 'z'.

**biznieto** podría llevar 's', pero preferimos la 'z'.

**blandir** ya dejó de ser un verbo defectivo, por lo que ahora pueden utilizarse todas las conjugaciones que no tengan 'i' en la desinencia: 'él blande', 'ellos blanden'.

**bloc,** con su plural 'blocs', será nuestra forma de incorporar la voz inglesa *block,* conjunto de hojas de papel. No se confunda con 'bloque', material de construcción.

**blues,** como 'rock', se normalizará en redondas.

**bocabajo, bocajarro** y **bocarriba** irán en una sola palabra, no en dos.

**bóiler.** Pese a que los académicos rechazan este anglicismo y recomiendan en su lugar 'calentador' y 'caldera', en México se ha extendido en redondas y con tilde. Su plural es 'bóileres'.

**bordo.** En expresiones como '*a bordo* de una lancha', se usarán dos palabras, no 'abordo'. (Véase **a bordo de.**)

**Bosnia-Herzegovina** es un nombre que llevará guión. Gentilicio: 'bosnio'.

**Brandemburgo,** no *Brandeburgo* ni *Brandenburgo*, denominaremos a esta ciudad alemana. Su gentilicio será 'brandemburgués'.

**brandi** sustituirá a *brandy,* con su plural 'brandis'.

***broker.*** Cuando no sea posible reemplazar este vocablo por 'agente' o 'intermediario financiero, de seguros o bursátil', aparecerá en itálicas.

***buffet,*** en francés, se utiliza con dos significados: 'despacho de abogados' y 'comida para autoservicio'. Con el primer sentido emplearemos 'bufete', en redondas, y con el segundo, *buffet* en itálicas.

**buganvilia** será la forma como saldremos al paso de las variantes 'bugambilia', considerada incorrección, y 'buganvilla', poco común en México.

**buldócer.** Así incorporaremos el anglicismo *bulldozer*, a pesar de que algunos medios de comunicación insisten en sustituirlo por 'tractor oruga'. Las ventajas de esta adaptación es que se pronuncia igual que la voz original, de modo que es fácilmente reconocible y puede pluralizarse como 'buldóceres'.

**bulevar.** Esta hispanización del galicismo *boulevard* ha tenido tal acogida que así debe mantenerse.

**bumerán** cuenta ya con la suficiente circulación para validarla en vez de *búmeran* y *boomerang*.

**búngalo,** no *bungaló* ni *bungalow*, llamaremos a la 'pequeña casa vacacional'.

**búnker,** tomada del alemán *bunker*, irá en rectas y con tilde.

**buqué** en redondas es preferible a *bouquet.*

**busca** y **búsqueda** son ambas acciones de buscar. El habla cotidiana tiende al empleo de la primera sólo en expresiones como 'en busca de': "salió 'en busca de' dinero", mientras que 'búsqueda' tiene un sentido más amplio y general: "la 'búsqueda' de dinero", "realizó una 'búsqueda' incesante".

**buscapiés** es igual en singular y en plural: 'el buscapiés', 'los buscapiés'.

**Bután,** escribiremos, no *Buthan* ni *Buthán*, con su gentilicio 'butanés'.

**Buyumbura,** en español, viene de 'Bujumbura', grafía inglesa del topónimo correspondiente a la capital de Burundi.

***byte,*** con su plural *bytes*, irá en itálicas. (Véase **bit.)**

# C

**cabaret.** Este término de origen francés se ha castellanizado bajo la forma 'cabaré', que en México no ha sido atendida por la mayoría de los medios de comunicación ni por el habla común. En consecuencia, seguiremos escribiendo 'cabaret', en letras redondas, aunque su plural, 'cabaréts', llevará acento gráfico porque es aguda terminada en 's'.

**caché,** tomada del francés *cachet,* es una hispanización con tilde y sin la 't' determinada por la RAE. Así figurará.

**cácher.** Véase **cátcher**.

**campus** es un latinismo que en inglés adquirió el sentido de 'conjunto de terrenos y edificios pertenecientes a una universidad'. Dada la frecuencia de su uso, y debido a que la mayoría de los lectores lo pueden comprender, aparecerá en rectas.

**canciller** significa desde 'empleado auxiliar en las embajadas' hasta 'magistrado supremo' y 'alto funcionario' que pudiera ser presidente o jefe de gobierno. Sin embargo, en la actualidad designa sobre todo al ministro de asuntos exteriores o al conductor de la diplomacia de la mayoría de los países. De este modo podremos aplicarlo en México al secretario de Relaciones Exteriores aunque, formalmente hablando, su despacho no lleve el nombre de Cancillería. Es un sustantivo común en cuanto al género: 'el/la *canciller*'.

***cannabis*** seguirá en cursivas, sin tilde y con género femenino: '*la cannabis*'.

**cantinflas,** con minúsculas, es un calificativo que se aplica a una persona que habla o actúa como el personaje Cantinflas, encarnado por el mexicano Mario Moreno: 'es un *cantinflas*'. La RAE registra, asimismo, voces como 'cantinflesco', 'cantinfleo', 'cantinflada' y 'cantinflear'.

**caparazón.** Aunque este sustantivo se emplea en España con género masculino ('*el* caparazón'), en México nos hemos habituado ya a darle género femenino, '*la* caparazón', y así lo seguiremos haciendo porque también es correcto.

**capaz** es una voz aplicable a una persona 'apta, instruida, diestra'. Su uso en el sentido de *probable* o *probablemente* está muy extendido en el habla coloquial, y ya la admiten algunos académicos, como en el siguiente ejemplo: '*capaz* que nadie nos hace caso'. No obstante, evitaremos su uso como sinónimo de *susceptible*: 'una actitud *capaz* de ser aplaudida'.

**carácter** es 'el modo de ser peculiar y privativo de cada persona', y se considera impropio usar este vocablo en lugar de *personaje*. En un sentido figurado podría admitirse así, pero tómese en cuenta que sólo un novelista o dramaturgo que da forma a *un verdadero personaje* construye, al mismo tiempo, un 'carácter'; esto, no todos los novelistas lo consiguen, y algunos, como en la *nouveau roman*, ni lo intentan. Por último, 'carácter' (no *caracter*) es un signo de la escritura, como la letra, la coma o el paréntesis. En todas estas significaciones, al pluralizarse, deberá escribirse sin acento: *caracteres*.

**cardiaco,** al igual que 'policiaco', irá sin tilde.

***carnet.*** En México casi nadie recurre a la castellanización 'carné'. En consecuencia, mantendrá las cursivas para indicar que fue tomada de otro idioma, el francés.

**cártel.** Mientras que la palabra 'cartel', sin tilde, proviene del provenzal *cartel* –'hoja de papel u otros materiales con inscripciones, pasquín'–, el término 'cártel', con acento gráfico, fue tomado del alemán *kartell,* que significa 'convenio de empresas' o 'corporación'. Ha adquirido también la definición académica: 'organización ilícita vinculada al tráfico de drogas o de armas'. Indecisa, no obstante, la Academia admite que con éste último significado puede escribirse también *cartel*, sin tilde. En **Proceso,** como se acostumbra en México, seguiremos distinguiendo ambas palabras con y sin acento: *carteles* para las hojas con inscripciones, y *cárteles* para los consorcios y organizaciones delictivas relacionadas con el tráfico de drogas o de armas.

**casete.** A partir de que se castellanizó este término, proveniente del francés *cassette* –caja de plástico con cinta magnética para el registro y reproducción del sonido–, su empleo en español se ha ido extendiendo. Escribiremos, pues, 'casete' –no *caset* ni *cassette*– en letras redondas y le asignaremos el género masculino, *el casete*, en virtud de que el *Diccionario* estipula que es de género ambiguo.

**cátcher.** Pese a que esta voz procedente del inglés tiene un amplio uso en nuestro idioma, el *Diccionario de la len-*

*gua española* no la incluye, en tanto que el *Diccionario panhispánico de dudas* recomienda incorporarla bajo la forma de 'cácher'. Puesto que esta pronunciación es rara en México, mantendremos su forma original, 'cátcher', pero con tilde y en redondas. Haremos otro tanto con 'pítcher' y 'pitcheo', mientras las sugerencias de eliminar la 't' en estos casos no sean plenamente aceptadas en el habla común.

**cd-rom.** Esta es una sigla proveniente del inglés *compact disc read-only memory,* que se traduce como 'disco compacto de sólo lectura'. De acuerdo con las reglas generales para las siglas y los acrónimos, debiéramos escribirlo con mayúsculas. Sin embargo, como se trata de una grafía que cada vez será más frecuente, en **Proceso** evitaremos la proliferación de esas mayúsculas adoptando la misma fórmula que se impuso para incorporar la palabra 'radar', que también proviene de una sigla. Escribiremos, por lo tanto, 'cd-rom', con minúsculas, y no 'CD-ROM'.

**cerner** y **cernir** son ambos verbos correctos, pero en **Proceso** recurriremos al segundo, 'cernir', que se conjuga como 'discernir'. Una advertencia: la 'e' de la raíz no debe transformarse en 'i' en conjugaciones como *cirniera* (escríbase 'cerniera') y *cirniese* (dígase 'cerniese').

**cesar** es un verbo intransitivo. Puede escribirse 'él *cesó* –es decir, acabó o suspendió– sus funciones', pero los académicos advierten que es impropio expresar 'él *fue cesado* en sus funciones'. Conscientes de su impropiedad, lo seguiremos usando de esta manera porque así se ha generalizado en el habla común, en la burocracia y en los medios de comunicación. Reemplazarlo obligaría a modificar un gran número de declaraciones y documentos.

**ceviche.** El *Diccionario* registra esta palabra de dos formas: 'seviche' y 'cebiche'. Recomienda ésta última, y la define como 'plato de pescado o marisco crudo cortado en trozos pequeños y preparado en un adobo de jugo de limón o naranja agria, cebolla picada, sal y ají'. Agrega que en su forma 'cebiche' (de *cebo*) se usa en Costa Rica, Ecuador, Panamá y Perú. En México, en cambio, todo mundo puede ver escrito 'ceviche', con 'v', en los restaurantes y fondas, al igual que en los medios de comunicación. Por lo tanto, escribiremos 'ceviche'.

***chalet,*** en cursivas, será nuestra grafía para esta voz proveniente del francés, en virtud de que la propuesta de adoptarla como 'chalé' no ha tenido aún eco en nuestro país.

**champú** y **champús** son ya plenamente aceptadas en lugar de sus equivalentes en inglés, por lo que debe descartarse *shampoo*.

**chárter,** término trasladado del inglés *charter*, fue incorporado al español con tilde. No obstante las recomendaciones de pluralizarla 'chárteres', por la fuerza del uso la mantendremos invariable en el plural: 'vuelos chárter', pero en rectas.

**chat.** Pese a que la RAE aún no acepta este neologismo tomado del inglés con el sentido de 'conversación o charla por internet', el *Diccionario panhispánico de dudas* considera que es 'un anglicismo asentado y admisible' en nuestra lengua. Así lo escribiremos, en redondas, al igual que el verbo 'chatear'.

**checar.** No obstante que el *Diccionario* admite este mexicanismo, preconiza usarlo bajo la forma de 'chequear'. En virtud de que la grafía 'checar' se halla muy extendida en México, no la modificaremos, e igualmente mantendremos sin variación el sustantivo 'chequeo'.

**chef,** sustantivo calcado del francés *chef* ('jefe de cocina, en especial de un restaurante'), ha sido validado por la RAE, por lo que irá en redondas.

**chiismo** y **chiita,** sin tilde, son las grafías más empleadas por los mexicanos en referencia a una rama del islamismo. No aceptaremos 'chií'.

**chip** viene del inglés *chip*. El extendido uso que tiene ya esta voz en nuestra lengua nos mueve a decidir que vaya en redondas, al igual que otras palabras que la contienen: 'microchip'.

**chirriar** se conjuga como 'enviar'.

**chofer** se escribirá sin el acento gráfico que suelen aplicarle en España ('chófer'). Es de género común: '*el/la* chofer'.

**cierne** es una conjugación del verbo 'cerner', y también significa que algo se halla 'en flor'. Aunque con este último sentido ya es aceptada su pluralización, seguiremos utilizándola en singular: 'escritor en cierne', no 'en ciernes'.

**cingalés -sa,** gentilicio de Sri Lanka.

**Ciudad Ho Chi Minh,** nombre actual de la antigua ciudad vietnamita Saigón.

**clave.** Finalmente fue admitida la pluralización de esta voz en locuciones como 'palabras claves', pero nosotros sostendremos la norma de no modificar su número cuando hace las veces de adjetivo: 'fechas clave'.

**cliente** tiene una forma femenina: 'clienta'.

**clínex** podrá ser usada, con tilde y en minúsculas, para denominar el pañuelo desechable o de papel. Será igual en plural: '*los* clínex'. Pero si nos referimos a la empresa que dio origen a la palabra, respetaremos su denominación: 'Kleenex'.

**coaligarse.** Aunque este término puede convertirse en 'coligarse', diremos 'coaligarse'.

**coctel,** no 'cóctel' ni *cocktail*, es la grafía que acogeremos.

***cogito, ergo sum*** es un latinismo que significa 'pienso, luego existo', acuñado por Descartes en francés bajo la forma *Je pense, donc je suis,* con el antecedente de una frase de San Agustín: *Ac proinde haec cognitio, ego cogito, ergo sum, est omnium prima et certissima, quae cuilibet* *ordine philosophanti occurrat.* (*De Civitate Dei.*) Se destacará en cursivas.

**colega.** Pese a que las definiciones que aporta el *Diccionario de la lengua española* de las palabras 'colega' y 'homólogo' poco nos ayudan a diferenciarlas –y eso abona la sinonimia incorrecta que se hace de ambas voces–, procuraremos mantener la distinción. La primera definición académica de 'colega' es: 'compañero en un colegio, iglesia, corporación o ejercicio', mientras que en 'homólogo' se nos remite a 'homología': 'relación entre las personas que ejercen cargos iguales en ámbitos distintos'. Sin embargo, la edición anterior del *Diccionario de la lengua española* definía mejor 'homólogo': 'Dícese de la persona que ejerce *un cargo* igual al de otra, en ámbitos distintos'. Nosotros reservaremos el término 'colega' para *el compañero de profesión*, y aplicaremos el de 'homológo' a *quien ejerce el mismo cargo* o tiene la misma representatividad formal. Así, un abogado será siempre 'colega' de otro, pero no podrán llamarse 'homólogos' en tanto no desempeñan cargos semejantes en la universidad o el sistema judicial, por ejemplo.

**compartimento** escribiremos, no 'compartimiento'.

**concejo** se denomina al 'ayuntamiento, casa y corporación municipales', así como a 'una sesión celebrada por individuos de un ayuntamiento'. No deberá confundirse con 'consejo'. Cuando en una información se hable de un 'concejo municipal', se escribirá con 'c', del mismo modo que 'concejal'.

**conciencia** y **concientización** llevarán sólo 'c', pero 'consciente' e 'inconsciente' irán con 'sc'.

**confeti,** en español, será mejor que el italiano *confetti.*

**consanguineidad** y **consanguinidad** son formas correctas, mas optamos por 'consanguineidad'.

**consensar** y **consensuar.** Aunque ambas son válidas, nos quedamos con la segunda.

**consenso.** Conforme a la definición de esta palabra ('acuerdo producido por *consentimiento entre todos los miembros de un grupo* o conjunto de grupos'), es pleonásmico el uso que, con frecuencia, le dan algunos reporteros y sus declarantes: "la iniciativa tuvo un *consenso general*".

***consummátum est*** significa 'se acabó todo, todo está cumplido'. Irá en itálicas.

**contemplar** es 'poner la atención en alguna cosa material o espiritual'. Evítese una deformación que se propaga a gran velocidad en la política y el periodismo: se dice, por ejemplo, "el artículo tercero *contempla*", y no "el artículo tercero *prevé*" o *prescribe* o *abarca*. Se ha ido demasiado lejos con el sentido de *prever*. Sólo una persona o un animal pueden *contemplar* algo, y, aun así, en vez de escribir: "El diputado *contempla* elaborar una iniciativa de ley", diremos: "El diputado *planea*, *proyecta*, *se propone...*", expresiones más precisas y apropiadas.

**contradecir** se conjuga como 'decir' –excepto en el caso 'contradice tú', forma correcta en lugar del modelo *contradí tú*–, y su participio debe ser 'contradicho', no *contradecido*.

**córner,** voz tomada del inglés, ya se ha introducido al español con acento gráfico. Su plural es 'córneres'.

***corpus,*** 'cuerpo' y 'conjunto de textos o doctrinas en que se funda una investigación', va en cursivas.

**cortocircuito** es ya una sola palabra.

**costo** y **precio** no son sinónimos. 'Costo' es sobre todo el gasto necesario para producir mercancías y servicios; 'precio', la cantidad de dinero que se requiere para la adquisición de un producto o el disfrute de un servicio. Es correcto que alguien se queje: "Este viaje 'me costó' demasiado", pero si esta misma persona trata de explicarse el hecho con la frase: "lo que pasa es que subió 'el costo' de la gasolina", la corregiremos: "lo que subió fue el precio". Sinónimo de 'precio', poco usado en México pero de gran utilidad cuando este último sustantivo aparece varias veces en un párrafo, es la palabra 'coste'.

**cotidianeidad** y **cotidianidad** son ambas formas correctas, aunque privilegiaremos la primera.

***cowboy*** irá en itálicas si no resulta conveniente sustituirla por 'vaquero'.

***crack*** es una voz inglesa con dos significados: 'cocaína tratada' y 'quiebra financiera o comercial'. Mantendrá las cursivas y la 'ck' mientras no se extienda la forma hispanizada 'crac'.

***credo quia absúrdum*** quiere decir, textulamente, *creo porque es absurdo,* o sea, por causas que rebasan la razón y se internan en la fe. Irá con tilde y en itálicas.

***crescendo*** e ***in crescendo*** son italianismos que continuaremos registrando en cursivas.

**criatura.** Conviene recordar la distinción que existe entre 'criatura', niño pequeño, y 'creatura', ser creado, que corresponden a los verbos 'criar' y 'crear'.

**críquet** es mejor que *cricket.*

**croquista,** con 'q', y no *crocista,* con 'c', es la forma correcta de denominar a un miembro de la CROC.

**cualesquiera** es el plural de 'cualquiera': '*cualesquiera* que sean los motivos...'.

**cuché,** que viene del francés *couché*, ha tenido ya buena aceptación entre los hispanohablantes, lo que nos permite prescindir de la grafía original.

**cuplé,** en español, será siempre mejor que *couplet*, en francés. El plural: 'cuplés'.

***currículum vítae,*** 'carrera de la vida' en latín, aparecerá en cursivas y con los énfasis marcados por las tildes, aunque si la voz 'currículum' va sola, se escribirá en rectas. Es invariable en plural: 'los *currículum vítae'*. Si nos vemos en la necesidad de pluralizar la primera de estas dos voces, cuando no va acompañada de *vítae,* lo haremos en español: 'currículos'. No usaremos el plural latino 'currícula'. El mismo criterio de pluralización de 'currículum' será aplicado en los casos de 'referendos' y 'memorandos'.

**cúter,** en español, es ya aceptado por diferentes medios. Así lo escribiremos, en lugar de *cutter*, en inglés.

# d

**debe de** indica 'probabilidad': "A juzgar por los nubarrones, 'debe de' llover". *Debe*, en cambio, es 'obligación': "Si usted quiere que nos asociemos, 'debe' firmar". Hay, sin embargo, casos ambiguos, como la situación en que una persona le pregunta a una secretaria si el jefe de ésta acudirá ese día a la oficina. La respuesta de ella podría ser: "*Debe de* venir", con lo que estaría indicando: "Es probable que venga", o bien, contestar: "*Debe* venir", con lo que estaría diciendo: "*Tiene el deber, la obligación de venir*... pues hizo varias citas".

***de facto*** significa 'de hecho', independientemente de lo que marca la ley. Figurará en itálicas.

**déficit** es un término latino de uso corriente en español que la mayoría de los hispanohablantes reconocen y que, por lo tanto, irá en redondas.

***de iure,*** 'conforme a la ley', seguirá en cursivas.

**dele.** Para no confundir este vocablo, proveniente del latín *delere* (borrar, destruir), con *déle* (*dé usted a él*), mantendremos el acento diacrítico en esta conjugación del verbo 'dar' más enclitico no obstante las nuevas normas de ortografía de la RAE.

**delírium trémens** es un delirio con temblores propiciado por el consumo excesivo de alcohol. Como su uso está muy extendido, al igual que 'memorándum', lo escribiremos en rectas, con las tildes que indican su pronunciación.

**demasiado.** No utilizaremos este vocablo en frases como la siguiente: "me da 'demasiado' gusto conocerlo". 'Demasiado' significa 'exceso' y no es sinónimo de 'mucho'.

**demoniaco** será la forma como registraremos esta palabra, no 'demoníaco', del mismo modo en que decimos 'policiaco', no 'policíaco'.

**denostar** es un verbo irregular que se conjuga como 'contar'. Es incorrecto, por tanto, escribir 'él denosta', en lugar de 'él denuesta'.

**dentífrico,** no 'dentrífrico', escribiremos en nuestras notas.

**depauperar** y **depauperación** serán nuestras grafías, no 'depauperizar' ni 'depauperización'.

**deprisa** puede articularse también en dos palabras, 'de prisa', forma ésta que seguiremos usando porque es la más extendida en México.

**derbi,** en vez de *derby*, será la denominación de las pruebas deportivas, especialmente hípicas, que reclamen esta voz.

**desarrapado** es la construcción que, por su predominio entre nosotros, usaremos en lugar de 'desharrapado', preferida por la Academia.

**desarrollo** expresa el 'progreso cualitativo y duradero de un asunto, tema, país, empresa, etcétera'. Aunque se ha extendido mucho, evítese la sinonimia con 'fraccionamiento', 'proyecto de urbanización' y otros usos parecidos.

**descendente** y **descendiente** son por igual participio activo de 'descender', pero sus sentidos varían. 'Descendente' quiere decir 'que baja', en tanto que 'descendiente' es 'cualquier persona que desciende de otra': hijos, nietos, etcétera.

**deshecho** es participio del verbo 'deshacer' ("se ha 'deshecho' el pacto", "estoy 'deshecho'"), mientras que 'desecho', sin 'h', equivale a residuo o desperdicio, y el verbo que le corresponde es 'desechar': "Hoy 'desecho' todos los papeles acumulados en tres meses"; "De las propuestas que me haces, 'desecho' la primera". Téngase gran cuidado con el empleo de ambos términos: es muy frecuente el error.

***desiderátum,*** voz latina que significa 'lo deseado' o una 'máxima aspiración que aún no se ha cumplido', se escribirá en cursivas y con tilde. Si bien su plural en latín es *desiderata*, hoy se considera válido pluralizarla 'desiderátums', al igual que 'memorándums' (aunque en este caso nosotros preferimos 'memorandos').

**después que** y **después de que** son locuciones igualmente apropiadas, pero optaremos por la segunda, con la preposición 'de'.

**desvelar** se refiere al hecho de 'impedir el sueño, no dejar dormir', así como a 'descubrir, poner al descubierto o revelar', significados propios de 'develar': '*desveló* (o *develó*) el sentido de la frase'.

**detentar** es un verbo que a menudo se emplea erróneamente con el sentido de 'tener u ostentar un puesto o bien determinado'. Recuérdese que significa poseer o retener algo *ilegítimamente.*

***deus ex máchina*** llevará itálicas y tilde. La expresión se refiere a una persona o cosa capaz de resolver de manera insólita una situación complicada, como si hubiera actuado un dios por medio de una máquina. Su pronunciación es: *déus-eks-máquina*.

**devastar** equivale a 'destruir un territorio, arrasando sus edificios y asolando sus campos'; en sentido figurado es ‘destruir, deshacer, arruinar o asolar una cosa material’: “La ciudad fue ‘devastada’ por la inundación”. ‘Desbastar’ indica algo distinto: ‘quitar las partes más bastas o toscas a una cosa que se haya de labrar, gastar, disminuir, debilitar’: “El zapatero ‘desbastó’ las suelas”, mas “El terremoto ‘devastó’ la región”.

**devedé.** Este nuevo sustantivo empieza a utilizarse en diversos medios de comunicación para desechar las siglas ‘DVD’, procedentes del inglés *digital versatil disc* y utilizadas también para designar el aparato que lo reproduce. En **Proceso** escribiremos ‘devedé’ (plural: ‘devedés’) cuando no seamos precisados a reproducir literalmente las siglas.

**disculpar.** Las diversas acepciones académicas de este verbo lo hacen sinónimo de ‘justificar’, ‘perdonar’ y ‘pedir perdón’, por lo cual son válidas las expresiones ‘se disculpó’, ‘lo disculpé’, ‘ofreció disculpas’, ‘presentó sus disculpas’ y ‘pidió disculpas’.

**disquete.** Dada la amplia aceptación que ha tenido, usaremos esta adaptación de *diskette*.

**divergir.** Este verbo, que en su segunda acepción se define como ‘discordar’ o ‘discrepar’, no debe usarse con la grafía ‘diverger’, incorrección que posiblemente se derivó de su origen latino *divergere*, o bien, de las voces ‘divergencia’ y ‘divergente’. En todas sus conjugaciones, como verbo regular, conservará su raíz *diverg-*, de modo que será incorrecto escribir: “El discurso del diputado *divirgió* (lo correcto es ‘divergió’) de la postura del coordinador de su bancada”.

**divertimento,** que es una ‘acción y efecto de divertirse’, así como ‘diversión o pasatiempo’ y ‘obra artística ligera’, será preferida sobre ‘divertimiento’, que también es válida.

**dondequiera** significa ‘en cualquier parte’ y se emplea en oraciones como la siguiente: ‘Dile al fotógrafo que no ponga su cámara dondequiera’. Cuando va acompañada de verbos de movimiento, lo más apropiado es utilizar ‘adondequiera’, que quiere decir ‘a cualquier sitio’: ‘Adondequiera que viajo, compro una o dos revistas’.

**donjuán,** en minúsculas y con acento gráfico, es la forma validada por la Academia a partir de varias voces que, derivadas del personaje *don Juan Tenorio*, finalmente fueron incorporadas al *Diccionario:* ‘donjuanismo’, ‘donjuanesco’ y ‘donjuanear’. La RAE procedió aquí como en el caso mexicano de Cantinflas, registrando los términos ‘cantinflesco’ y ‘cantinflear’.

**dopar.** *Doping* y *antidoping* (del inglés *to dope*, drogar) se usaron tanto en las últimas décadas en el ámbito deportivo y en los medios de comunicación que los académicos acuñaron ‘dopaje’, ‘dopado’ y ‘dopar’, verbo éste definido como: ‘administrar fármacos o sustancias estimulantes para potenciar artificialmente el rendimiento del organismo con fines competitivos’. La aceptación que ha tenido la castellanización nos permite prescindir de los términos en inglés. El equivalente de *antidoping* será ‘antidopaje’.

**dosier,** con su plural ‘dosieres’, será la manera como usaremos la voz francesa *dossier*, cuando no resulte adecuado sustituirla por ‘carpeta’, ‘informe’ o ‘expediente’.

***dumping*** es una voz inglesa que, al parecer, llegó para quedarse con el sentido de ‘práctica comercial de vender a precios inferiores al costo, con grave perjuicio del mercado, para adueñarse de éste’. No obstante, seguiremos destacándola en itálicas.

**dúplex** significa simplemente ‘doble’. Irá en rectas porque ya es de uso común en territorio mexicano.

# e

**eclesial** y **eclesiástico** no son sinónimos: ‘eclesial’ se emplea en referencia a la comunidad de todos los fieles de la

Iglesia, en tanto que 'eclesiástico' remite a la organización de la Iglesia o al conjunto de clérigos que la integran, y es alguien que 'ha recibido las órdenes sagradas'. Ejemplos de uso: "Allí se han perdido todas las tradiciones de la vida *eclesial*"; "la ley del aborto fue impugnada por la jerarquía *eclesiástica*"; "algunos *eclesiásticos* son prudentes con el tema".

**edil** significa 'miembro de un ayuntamiento', no alcalde o presidente municipal, como lo usan erróneamente algunos reporteros y declarantes. (Ver **munícipe.**)

**editar** es 'publicar, por medio de la imprenta o de cualquier otra forma de reproducción gráfica, una obra, periódico, folleto, mapa, etcétera', pero también *armar*, *reordenar*, *recortar*, *pegar*, *fundir*, *depurar* un texto o grabación. Otra de las acepciones de uso frecuente es: 'pagar y administrar una publicación'.

**editorial** es sustantivo masculino ('el *editorial*') cuando denomina el principal artículo sin firma que se publica en los diarios y en algunas revistas, aunque tiene género femenino ('la *editorial*') al designar a una casa editora de publicaciones.

**Ejército, Ejército Mexicano** y **Fuerzas Armadas** llevarán altas y bajas si se refieren a esas instituciones del país. En otras circunstancias, se emplearán minúsculas: "el 'ejército' estadunidense", "el 'ejército' iraquí", "el 'ejército' venezolano", excepto cuando sea preciso citar nombres oficiales, actuales o históricos: 'Ejército de Tierra' español, 'Ejército Rojo' de Rusia, 'Ejército Revolucionario del Pueblo'…

**el.** Pese a que en España preconizan eliminar o registrar con minúsculas el artículo que suele acompañar algunos nombres y apodos, en México se ha impuesto ya su inclusión con mayúscula y, en consecuencia, escribiremos '*El Señor de los Cielos*', no '*el Señor de los Cielos*'.

**elegido** y **electo.** Estos dos participios del verbo 'elegir' causan numerosas confusiones diariamente a los políticos, periodistas y lectores. La causa principal es que, aparentemente, dicen lo mismo pero en realidad expresan cosas diferentes. 'Electo' es el participio pasado irregular de 'elegir', en tanto que 'elegido' es el participio regular. La distinción que debe hacerse resulta evidente si agregamos que, como este par de participios, existen otros que de manera casi natural empleamos bien, como 'correcto' y 'corregido'. Escribimos: 'El planteamiento de tu reportaje es *correcto'*, 'Espero que hayas *corregido* tu libro'. Nunca se nos ocurre expresar: 'Espero que hayas *correcto* tu libro', o 'Este libro ya fue *correcto* por los editores'. En errores de este tipo incurrimos cuando, en una nota, señalamos: 'Ese diputado *fue electo* por mayoría', en lugar de *fue elegido*. Generalmente la forma *elegido*, como la forma *corregido*, van precedidos de un verbo: (*fue*, *ha sido*, *será*) *elegido*, *corregido*, en tanto que los participios *correcto* y *electo* no indican una acción, sino una condición: "Eso es lo *correcto*", "El ingeniero fue declarado gobernador *electo*", "El presidente *electo* declaró que cumplirá todas sus promesas cuando asuma sus funciones".

**electrochoque** será la forma como transcribiremos el anglicismo *electroshock*.

**elepé.** La RAE ha recogido este vocablo para sustituir la sigla 'LP' con la que se abreviaba *long play*. En virtud de que varios medios utilizan ya la forma castellanizada, así lo haremos también aquí cuando no tengamos que respetar la literalidad.

**élite.** Mientras que la vigésima primera edición del *Diccionario* registraba esta palabra sin tilde, la vigésima segunda acepta tanto 'élite' como 'elite'. En **Proceso** seguiremos empleando 'élite' con tilde porque, además de haber sido plenamente validada, refleja la pronunciación mayoritaria de los mexicanos.

**elíxir.** No obstante que en España el uso más extendido de este término es 'elixir', con acentuación aguda, en la mayoría de los países latinoamericanos se escribe como grave, con tilde: 'elíxir'. Así se mantendrá, con su plural 'elíxires'.

**elucubrar.** El *Diccionario* de 1982 optaba por 'lucubrar', pero al parecer también en este caso terminó imponiéndose el uso, pues la más reciente edición, publicada en 2001, privilegia 'elucubrar' sobre 'lucubrar'. En **Proceso** escribiremos 'elucubrar' si no estamos ante una cita literal.

***e-mail*** presentará guión y cursivas cuando no sea posible sustituir este término por 'correo electrónico', 'dirección electrónica', 'mensaje electrónico', 'cibercorreo' y 'cibermensaje', vocablos todos ellos preferibles.

**embargo.** Aunque es frecuente encontrar la expresión 'mas sin embargo', procuraremos evitarla por el criterio de brevedad y porque se acerca al pleonasmo. Dígase: "El entrevistado apagó la grabadora. 'Sin embargo' (no 'mas sin embargo'), sólo repitió lo que acababa de manifestar".

**emparentar.** Este verbo puede conjugarse como regular ('emparenta') o como irregular, conforme al modelo 'acertar': 'emparienta'.

**empoderar** y **empoderarse.** El *Diccionario* sólo registra la primera palabra, con la observación de que es un verbo transitivo caído en desuso. Pero el *Diccionario panhispánico de dudas* incluye las dos con la indicación de que fueron tomadas del inglés *to empower,* y con la recomendación de usarlas –junto con el sustantivo 'empoderamiento'– a partir de la siguiente definición: "(empoderar) se emplea en textos de sociología política con el sentido de 'conceder poder (a un colectivo desfavorecido socioeconómicamente) para que, mediante su autogestión, mejore sus condiciones de vida'". Y como ejemplo cita una frase de *Granma*: "El 'empoderamiento' de los pobres es la palabra clave".

**encausar,** 'actuar judicialmente contra alguien', no debe confundirse con 'encauzar', dirigir una corriente de agua por un *cauce* (la 'c' cambió a 'z') o encaminar un asunto en cierta dirección.

**endócrino.** A pesar de que en la mayor parte de los países de habla hispana este adjetivo se registra sin tilde, en algunas naciones americanas –como Argentina, Uruguay y México– se utiliza mayoritariamente con acento gráfico. Seguiremos haciéndolo.

**enseguida** puede escribirse también en dos voces, 'en seguida', y de esta última forma la mantendremos.

**entrar.** Es tan válido expresar 'entró *a* la sala' como 'entró *en* la sala'.

**entretanto** admite la separación en dos palabras; preferiremos 'entre tanto', salvo cuando se emplee como sustantivo, antecedido del artículo 'el': '*el* entretanto'.

**entrometerse** y **entrometido** son mejores formas que 'entremeterse' y 'entremetido', igualmente correctas.

**escanear** y **escáner** se utilizarán en lugar de sus equivalentes en inglés. (Véase ***scanner.***)

**eslogan** puede reemplazarse a menudo por 'consigna', 'lema', 'divisa', 'estribillo', pero se aceptará también en el sentido de 'fórmula publicitaria'. No emplearemos *slogan*. El plural de 'eslogan' es 'eslóganes', e irán en redondas, pues se trata de castellanizaciones.

**esmog** es una grafía validada en español que vuelve innecesario el anglicismo *smog*.

**esnob** ha sido una exitosa transfiguración de *snob* y, en consecuencia, así la escribiremos.

**espécimen** incluirá la tilde, y su plural será 'especímenes'.

**esquí** se pluralizará 'esquíes'.

***establishment,*** anglicismo utilizado para designar al grupo social dominante, figurará en cursivas.

**estado** llevará mayúscula inicial, 'Estado', cuando se refiera al conjunto de los órganos de un gobierno, al territorio y a la población de cada nación independiente o asociada, así como en las expresiones: 'secretario de Estado', 'razón de Estado' y 'golpe de Estado'; pero 'estado de derecho' irá en minúsculas porque en este uso significa, en general, 'situación o circunstancia en la que rigen las leyes o normas jurídicas'. 'Estado Mayor', conjunto de jefes militares de un ejército, reclama mayúsculas iniciales.

**Estados Unidos.** Por razones de brevedad, uniformidad y facilidad para determinar en las frases la concordancia de número, escribiremos, en singular, la forma abreviada 'Estados Unidos', no la forma plural 'los Estados Unidos', que en las oraciones nos obliga a pluralizar verbos, sustantivos, adjetivos, etcétera. Emplearemos el gentilicio 'estadunidense' (como se pronuncia mayoritariamente en México) en lugar de 'estadounidense', y nos seguiremos resistiendo a identificar a los habitantes de ese país con las voces 'norteamericano' y 'americano', que abarcan a los naturales de otras naciones del continente.

**estatus** procede originalmente del latín *status*, que significa 'estado' o 'condición'; denota la 'posición que una persona ocupa en la sociedad o dentro de un grupo social', y es también la 'situación relativa de algo dentro de un determinado marco de referencia: el *estatus* de un concepto dentro de una teoría'. No pocas veces se comete el error de escribir *estatus quo,* debido a su semejanza con *statu quo*, locución que indica el 'estado de cosas en un determinado momento'. 'Estatus' irá en rectas, y *statu quo* en cursivas.

**estratega** es nombre común: '*el/la* estratega'.

**estraza.** El 'papel de estraza' es un producto 'muy basto, áspero, sin cola y sin blanquear'. Irá con 'z', no con 's'.

**etcétera.** Resulta incorrecto, después de una relación, escribir 'etcétera, etcétera', pues esta palabra significa 'lo demás' o 'lo que falta', y, evidentemente, el redactor no debe redundar.

**euskera** es un vasquismo que, excepto en los nombres propios que lo incluyan, reemplazaremos por el adjetivo 'vasco'.

**evacuar** tiene las acepciones de 'desocupar alguna cosa', 'dejar una plaza, una ciudad, una fortaleza', y 'desalojar a los habitantes de un lugar para evitarles daño'. Ya no existe impedimento para hacer sinónimos los verbos 'evacuar' y 'desalojar'. Para efectos de acentuación, 'evacuar' se conjuga como 'averiguar', por lo que diremos 'se *evacua'* y no 'se *evacúa'*, aunque algunos académicos empiezan a aceptar la tilde. Esta regla de acentuación –ya enunciada en otra parte, la repetimos– es válida para todos los verbos cuyos infinitivos terminen en *cuar* o en *guar*, como 'licuar' (*yo licuo*, no *licúo*) y *adecuar* (*yo adecuo*, no *adecúo*), del mismo modo que escribimos *yo fraguo* (no *fragúo*) y *yo averiguo* (no *averigúo*).

**evento** es un 'suceso imprevisto o de realización incierta'. Empero, el uso político y social lo ha convertido en sinónimo de 'acto' y 'acontecimiento'. Ponernos en plan purista significaría modificar una gran cantidad de declaraciones textuales, programas, invitaciones, boletines, etcétera. Lo admitiremos en virtud del uso que ha cobrado, aunque es más recomendable la especificación del tipo de acto de que se trate: *competencia, reunión, congreso, festival.*

**ex.** Siguiendo la tendencia natural del idioma, uniremos el prefijo 'ex' a la palabra que acompañe (*excomunista, expresidente, exdirector*). Cada empresa editorial establece su norma al respecto, y puede separar o unir la partícula 'ex' mediante guión o sin él. Aquí la emplearemos unida y sin guión, pero para respetar nuestra política tipográfica de no incluir letras minúsculas entre mayúsculas en una sola palabra (ver *Siglas y acrónimos*), haremos dos excepciones a la regla: separaremos el prefijo 'ex' ante un nombre propio ('ex Unión Soviética', 'ex Yugoslavia', etcétera), y en casos como el de 'ex preso' (*exreo*), para que no se confunda con el participio pasado y la conjugación del verbo 'expresar' (*expreso*, *tren expreso, yo expreso*). En ocasiones, surgen dudas sobre la aplicación de la partícula 'ex' ante exfuncionarios. Por ejemplo, en una referencia a un expresidente de la República escrita en 2009, dudamos en si debemos escribir 'expresidente' o 'presidente' en casos como este: "En 1994, el 'expresidente' Carlos Salinas sabía que algunos de sus funcionarios estaban sacando dólares del país". Si dentro del párrafo de referencia o antes, en el desarollo de la nota, ya hemos ubicado al lector en la etapa en que este personaje ejercía su cargo, lo correcto será escribir: "En 1994, el presidente Carlos Salinas sabía...". Procuraremos no confundir las etapas históricas, y diremos: "El *presidente* Cárdenas enfrentó con firmeza al gobierno de Estados Unidos", pero: "El *expresidente* Cárdenas fue entrevistado después de reunirse con el presidente López Mateos". Actualmente, sería incorrecto escribir: "Sigue siendo un enigma el crimen del *excandidato* priista a la Presidencia", pues Luis Donaldo Colosio fue asesinado en calidad de *candidato*.

**exégeta,** con tilde, y 'exegeta' sin ella, son irreprochables. Privilegiaremos la forma esdrújula porque es la más empleada por los mexicanos. Lo mismo haremos con 'exégesis'.

**exiliar** es un verbo tan válido como 'exilar', mas nos inclinamos por 'exiliar'.

**éxito.** Decir 'buen éxito' es una redundancia: Todo *éxito* es necesariamente *bueno* para quien así lo denomina.

**ex profeso,** procedente del latín *ex professo*, ya es una forma castellanizada que validamos en rectas.

**expropiación.** Designa el acto mediante el cual un gobierno priva a una persona o grupo de la titularidad de un bien, por causa de utilidad pública, *mediante una indemnización*. No debe confundirse con las prácticas de 'decomisar', 'confiscar' o 'incautar' que, sin retribución alguna, retienen bienes de alguien a causa de un delito, de la falta de pagos prestablecidos o de incumplimientos con el fisco.

**extra** es un adjetivo que, proveniente del latín, fue trasladado tal cual al español con el sentido de 'extraordinario' o 'añadido a lo normal'. Como prefijo, significa 'fuera de' o 'sumamente'. Aunque en algunos casos ya se admite su uso en plural, procuraremos mantenerlo siempre en singular ('las horas *extra*', 'los kilos *extra*'), salvo cuando se sustantive en referencia a las personas que intervienen en una película sin un papel definido: 'En esa cinta participaron más de 700 *extras*'. Como prefijo, lo uniremos a las palabras que acompaña: 'extrajudicial', 'extraplano', y cuando anteceda a voces que empiezan con mayúscula irá con guión: 'extra-TLC'.

**extrovertido.** Pese a que el *Diccionario* prefiere 'extravertido' a 'extrovertido', el uso ha dado legitimidad a este término impuro (alteró el prefijo *extra*). Como la mayoría de los hablantes en México, nosotros escribiremos 'extrovertido' y 'extroversión'.

**exvoto** procede de una locución latina que se escribe en dos palabras (*ex voto*); sin embargo, ya se incorporó al español en una sola y así puede ser reconocida por la mayoría de los lectores. Irá en redondas.

# f

**facsímil.** Debido a que proviene del latín *fac,* de *facere,* 'hacer', y *simile,* 'semejante', la RAE decidió proponer la castellanización 'facsímile', aunque también registra 'facsímil'. Atendiendo al uso, continuaremos con 'facsímil', en rectas.

**falacia.** Si bien el *Diccionario* limita la definición de este vocablo a un "engaño, fraude o mentira con que se intenta *dañar a alguien*", en **Proceso** continuaremos empleándolo como simple sinónimo de 'mentira', 'engaño', 'ardid', 'artimaña', 'trapacería' y 'sofisma', aunque no implique el propósito de *dañar a alguien.* En lógica, por ejemplo, 'falacia' es la base falsa de un sofisma que nos conduce a tomar como verdadero lo que es falso.

***fan*** (plural: *fans*) es anglicismo, abreviación de *fanatic*. Si no puede reemplazarse por 'fanático', 'admirador' o 'partidario', se registrará en cursivas.

**fax, faxear** y **telefax** irán en rectas. El plural de 'fax' se indicará con el artículo: 'los fax', al igual que el de 'télex': 'los télex'.

**Federación.** Cuando esta palabra connote el pacto de las entidades mexicanas en una república federada, o el poder central del Estado, comenzará con mayúscula diacrítica para distinguirla de cualquier otra alianza o liga.

***feeling.*** No obstante que algunos académicos recomiendan la castellanización 'filin', tal grafía resulta aún extraña para el grueso de los hispanohablantes, de manera que mantendremos *feeling*, en itálicas.

**femineidad** y **feminidad** son igualmente válidas. Recurriremos a la más extendida en el habla popular y en los medios de comunicación: 'femineidad'.

**ferri** es la forma mediante la cual acogeremos el anglicismo *ferry*. Irá en rectas, con su plural 'ferris'.

***file.*** Cuando no parezca pertinente sustituir esta voz inglesa por 'carpeta', 'archivo' o 'fichero' en el campo de la informática, la admitiremos en cursivas.

**flagrante** quiere decir 'que se está ejecutando actualmente'. No es sinónimo de *mayúsculo*, *enorme*, como lo pretenden algunos reporteros. A su vez, la expresión latina *in fraganti* significa 'en flagrante' y se aplica cuando el autor de un delito es descubierto en el momento mismo de cometerlo. Se registrará siempre en cursivas y en dos palabras (no *infraganti*).

***flash*** y ***flash-back*** sólo aparecerán en itálicas.

**Florida.** En lugar de 'la Florida', escribiremos 'Florida', forma predominante en México.

**folclor** reemplazará a *folklore* y a 'folclore'.

**Fráncfort.** Los académicos recomiendan ponerle tilde, y así lo haremos. Su gentilicio es 'franfortés'.

**futbol.** El *Diccionario* ya admite 'futbol', sin acento gráfico, como lo hemos venido utilizando. Así lo conservaremos porque corresponde a la pronunciación más extendida en nuestro país.

# g

**gángster.** Para la Real Academia Española, la castellanización debe ser 'gánster', con su plural 'gánsteres'. En México se han impuesto 'gángster' y 'gángsters', en redondas, y así seguiremos registrándolas en nuestras páginas, fundados en el mismo criterio que aplicamos al escribir 'récord' y 'récords'.

***gas oil.*** En su lugar usaremos 'gasóleo'.

**gasolinera.** No sería incorrecto denominar 'gasolinería' al expendio de gasolina, como llamamos 'panadería' al expendio de pan; pero en **Proceso** nos apegaremos al uso general: 'gasolinera'.

**gay.** La Real Academia Española ya admitió este término para designar a un homosexual, aunque sigue rechazando la pluralización 'gays', que nosotros sí aceptaremos, en redondas.

**génesis** indica un 'conjunto de hechos que concurren en la formación de una cosa'; es sustantivo femenino, y su plural no difiere del singular: 'las génesis de los seres vivos'. En cambio, si designa el primer libro de la *Biblia* es masculino, y debe llevar mayúscula inicial y cursivas: 'El *Génesis* narra leyendas de la creación del mundo'.

**gira** se refiere a una 'excursión de recreo' o de trabajo, así como a un viaje por diferentes lugares, en tanto que *jira* es 'un trozo de tela' o 'una merienda campestre'. Consecuentemente, debe decirse: 'El presidente concluyó su gira (no su *jira*) por el estado de Michoacán'.

***gourmet.*** Aunque se ha propuesto castellanizar este término de origen francés como *gurmé,* preservaremos en itálicas su forma original mientras la adaptación no se generalice.

**grafiti.** No obstante que el italianismo *graffiti* ya fue castellanizado como 'grafito', seguiremos empleando 'grafiti', en redondas, si en el texto correspondiente no resulta mejor 'pinta'. Su plural será 'grafitis'.

**gran** es apócope del adjetivo 'grande'. Se utiliza sólo antes de sustantivo singular, sin importar su género: 'su *gran* amigo', 'la *gran* exposición'. Si el adjetivo se coloca después del sustantivo, toma naturalmente la forma de *grande*, pero se modifica el sentido de la expresión: Una *exposición grande* no es lo mismo que una *gran exposición*. A veces, ante sustantivo con vocal inicial, podría escribirse *grande*: 'manifestó una *grande inquietud'*. Aunque no es esta una impropiedad, prefiérase siempre, en tales casos, *gran*.

**gratis.** Es incorrecto escribir 'de gratis'.

***grosso modo*** irá en cursivas y no le antepondremos la preposición 'a': *a grosso modo.*

**Grozni,** con 'i', es la grafía castellanizada del inglés *Grozny* para la capital de Chechenia.

**gueto** hace innecesario el italianismo *ghetto.*

**gurú.** Su plural puede ser 'gurús' o 'gurúes'. Elegimos 'gurús'.

## h

**haber** es un verbo que, últimamente, está generando numerosas confusiones y errores porque no se respetan sus formas *impersonal* y *auxiliar*. Como impersonal, el verbo *haber* no concuerda con el sujeto, es decir, sólo se escribirá en tercera persona del singular: 'En el último tercio del siglo XX *hubo* (no *hubieron*) muchas y severas manifestaciones de inconformidad social'; 'Seguramente *habrá* (no *habrán*) más repercusiones en el primer tercio de este siglo'; 'En esa etapa *había* (no *habían*) muchos tecnoburócratas en los puestos clave'; 'Ojalá *hubiera* (no *hubieran*) cambios sustanciales en el proceso electoral'. En estos ejemplos, *hubo*, *habrá*, *había* responden siempre a la tercera persona del singular (*él* o *ella hubo*, *habrá*, *había*). De este modo, las múltiples conjugaciones del verbo *haber* sólo podrán pluralizarse cuando cumplan la función de verbos auxiliares, es decir, cuando en la oración *auxilien* a un participio pasado de otro verbo, que no sea el mismo verbo *haber*: 'No *han sido* todavía evaluados los desastres del actual gobierno' (concuerda en número con *los desastres*); 'Si los funcionarios del gabinete *hubieran sopesado* el alcance social de sus políticas, no se *habrían dado* alzamientos como el de Chiapas'. Como puede observarse, los participios pasados (formas verbales terminadas en *ado*, *ido*) exigen el plural de *haber* ante el plural del sujeto; pero es preciso hacer una excepción, cuando el verbo *haber* es auxiliar de sí mismo, como en el siguiente ejemplo: 'Incluso *ha habido* priistas (no *han habido*) inconformes con la subordinación absoluta a los designios del exterior'. Por otra parte, en el uso impersonal del verbo *haber* evitaremos también errores como este: '*Habemos* muchos indignados por esas políticas' (dígase: '*hay* muchos indignados, yo entre ellos, por esas políticas'), y la siguiente impropiedad: '*Habrá que manifestarnos* de una u otra manera'; lo correcto es: '*Habrá que manifestarse* de una u otra manera'. Este último ejemplo será nuestra guía de redacción para todos los casos en que el impersonal *haber* se una a otros verbos mediante la conjunción *que*. Una última observación: Algunos confunden la expresión *a ver* con el verbo *haber*, y escriben: '*Haber* cuándo cambia la situación'. Aquí la única recomendación es observar el sentido de la frase.

**hábitat** se escribirá en letras rectas y con acento gráfico. Su plural será 'hábitats'.

**hacer.** Es frecuente que se confunda una conjugación del verbo 'hacer' con otra de 'haber'. Ejemplos: '*Has* tú el trabajo que te corresponde'; debió escribirse '*haz* tú el trabajo', porque en este caso la 'c' de 'hacer' se convierte en 'z'. Por el contrario, a veces se asienta: 'No *haz* visto todos los libros que traje', cuando lo correcto es 'no *has* visto' debido a que dicha conjugación proviene de 'haber', no de 'hacer'.

**hacer hincapié** es una socorrida muletilla en lugar de *insistir*, *porfiar, recalcar, subrayar* o *destacar*. Por economía, recúrrase a estos términos, y utilícese aquélla sólo para evitar repeticiones o reproducir documentos y declaraciones.

***hacker,*** neologismo que significa 'pirata informático', se mantendrá en itálicas.

***hall*** sólo se admitirá, en cursivas, cuando no sea posible decir 'vestíbulo'.

**hándicap.** Pese a que el *Diccionario de la lengua española* registra esta voz del inglés en itálicas y sin tilde (*handicap*), el *Diccionario panhispánico de dudas* la acepta plenamente castellanizada, en redondas y con tilde ('hándicap'), bajo la observación de que es admisible así en el ámbito deportivo, pero no para indicar una situación desfavorable, desventaja, perjuicio o impedimento para una persona fuera de ese campo. **Proceso** también la incorporará en redondas. Su plural es 'hándicaps'.

***hardware,*** que se traduce como 'soporte físico', 'equipo informático' o 'componentes' de una computadora, aparecerá en itálicas cuando sea indispensable utilizarla.

**harem.** A pesar de que se preconiza castellanizar esta palabra bajo la forma de 'harén', mantendremos 'harem', 'harems', en redondas, mientras la propuesta académica no prospere.

**hasta** es una preposición que expresa el punto del cual no se pasa, tanto en el espacio ('iremos *hasta* Cuernavaca') como en el tiempo ('lucharemos *hasta* morir'). No escribiremos, por tanto, 'llegará *hasta* las tres', en lugar de 'no llegará *hasta* las tres', lo cual significa que (él) *no arribará antes* de esa hora y que, después de las tres, a partir o *desde* las tres, se le puede esperar. Con tino, se ha recurrido al viejo anuncio de las camisas Manchester para ilustrar el mal empleo de la preposición *hasta*. En la forma como la aplicaba ("*hasta* que usé una Manchester me sentí a gusto"), el actor Mauricio Garcés comunicaba a los potenciales compradores que todo el tiempo en que *no usó* esa marca de camisa se sintió a gusto, y que su bienestar o confort desapareció en cuanto se puso una. Evidentemente, el anuncio debió construirse con la preposición *desde*, que es el inicio, el punto de partida, lo contrario de *hasta*: "*Desde* que usé una Manchester me sentí a gusto".

**haz.** Se usa con los sentidos de 'fajo', 'manojo' o 'rayos de luz', casos en los cuales tendrá género masculino; designa también la 'cara de una cosa', y en esta acepción su género es femenino, aunque el artículo que la antecede suele ir en masculino ante la 'a' tónica que la caracteriza: '*el haz* delicada de la colcha'. Tómese en cuenta que esta es también una conjugación del verbo 'hacer': '*haz* tus pagos puntuales para que no tengas recargos'.

***head-hunter*.** Cuando no pueda reemplazarse por 'cazatalentos', este anglicismo requiere cursivas y guión.

**hégira.** Aunque esta palabra se emplea, en general, con el significado de 'huida' o 'emigración' –caso en el cual empezará con minúscula–, en su origen designa la huida de Mahoma de La Meca a Medina. En este sentido, como 'era musulmana', comenzará con mayúscula: 'Hégira' (no *Héjira*).

**hematoma** es sustantivo masculino: '*el* hematoma'.

**hemiplejía** y **hemiplejia** son igualmente válidas. Escribiremos 'hemiplejía'.

**hendidura.** La Academia privilegia esta grafía sobre 'hendedura', que también es correcta. Sin embargo, inconsecuentemente, prefiere el verbo ‘hender’ sobre ‘hendir’. En **Proceso** habremos de usar las formas ‘hendidura’ y ‘hendir’, cuya conjugación será conforme al modelo ‘discernir’. La palabra ‘hendija’, con la misma raíz que ‘hendidura’ (*findere*), se escribe con ‘h’.

**hidrósfera.** Esta grafía es mejor que ‘hidrosfera’, para no hacer excepciones en palabras con esta terminación, como ‘atmósfera’.

**hierba** y **hierbabuena** será nuestra manera de uniformar la escritura de estos sustantivos, excepto al referirnos a la ‘yerba mate’ y a la ‘mariguana’, que será ‘yerba’. (Véase **yerba.**)

**hindú** es el ‘adepto del hinduismo’, la religión predominante en la India. *Indio*, en cambio, es el ‘natural de la India’ y el poblador de América de ancestros prehispánicos que no ha pasado por el mestizaje. No debe usarse como gentilicio de la India, donde coexisten numerosas religiones, la palabra ‘hindú’.

**hipocondría.** Esta palabra suele figurar sin tilde, pero los diccionarios nos advierten que lo apropiado es ‘hipocondría’, y así la escribiremos. Se admiten, en cambio, ‘hipocondríaco’ e ‘hipocondriaco’. Emplearemos ‘hipocondriaco’, sin tilde, como lo hacemos con ‘policiaco’.

**Hispanoamérica** abarca sólo a los países americanos de habla española. Si se quiere incluir a Brasil, cuyo idioma es el portugués, se dirá ‘Iberoamérica’. (Ver **Iberoamérica.**)

***hit.*** Este anglicismo proviene sobre todo de la música y el beisbol. Por lo que se refiere al deporte, conviene sustituirlo por su equivalente en español, ‘jit’, como se ha hecho con la mayoría de voces de esta práctica deportiva. Y en lo relativo a la música, escribiremos *hit* y *hit parade* en cursivas. (Ver **jit.**)

**homicidio** es, en sentido estricto, matar a alguien sin que concurran agravantes como la premeditación y la alevosía, a diferencia del ‘asesinato’, que las incluye. Téngase en cuenta, sin embargo, que en el ámbito jurídico mexicano se recurre algunas veces, con pertinencia, a las expresiones 'homicidio doloso' y 'homicidio con agravantes'. (Véase **asesinato.**)

**Hong Kong** será nuestra grafía para esa región de China.

***honoris causa,*** 'por causa de honor', irá en itálicas.

***hooligan*** y su plural *hooligans* llevarán resalte tipográfico.

**huacal** y **guacal** son ambas aceptadas, mas optamos por 'huacal'.

**huarache.** A pesar de que se admite también esta voz con 'g', 'guarache', escribiremos 'huarache'.

**huésped.** No obstante que el *Diccionario* registra el masculino 'huésped' y el femenino 'huéspeda', este sustantivo se ha usado tradicionalmente en México como si fuera de género común. Por ello y porque diversos escritores y académicos consideran correcto el género común para este caso, así lo mantendremos: 'la huésped', no 'la huéspeda'.

# i

**Iberoamérica** abarca el conjunto de países americanos que hablan español y portugués. No debe emplearse como sinónimo de 'Hispanoamérica', que sólo remite a las naciones americanas cuyo idioma oficial es el español. (Véase **Hispanoamérica.**)

***ibídem,*** cuya traducción es 'en el mismo lugar', llevará tilde y cursivas.

**iceberg.** En virtud de que este término fue incorporado a nuestra lengua como calco del inglés *iceberg*, aparecerá en rectas o redondas, con su plural 'icebergs'.

**ícono** diremos en vez de 'icono', forma que también es válida pero menos socorrida en México.

**iconoclastia.** El *Diccionario* sólo admite 'iconoclasia', pero varios académicos y escritores recomiendan 'iconoclastia' porque la derivan de 'iconoclasta'. En coincidencia con este criterio, y en congruencia con el uso mayoritario en nuestro país, uniformaremos su escritura como 'iconoclastia'.

***ídem,*** que significa 'lo mismo', llevará cursivas y acento gráfico.

**idiosincrasia.** El adjetivo correspondiente a esta voz, de acuerdo con la RAE, debe ser 'idiosincrásico', aunque el *Diccionario panhispánico de dudas* considera correcto también 'idiosincrático'. En México es más frecuente esta última grafía, y a ella nos apegaremos.

**iglú** se pluralizará 'iglúes', aunque no es una impropiedad 'iglús'.

**ignorar** es un verbo que, en su evolución, ha ido incorporando, en el habla común, numerosas acepciones, como *desoír*, *desdeñar*, *no hacer caso*, *pasar por alto*, *prescindir*. Al pretender usarlo con esos significados, piénsese primero en las voces y expresiones mencionadas.

**ilícito,** 'no permitido legalmente', debe limitarse a su función adjetiva: 'un acto ilícito'. En lo posible, evítese como sustantivo: 'los *ilícitos* cometidos'.

***impasse.*** Cuando no pueda reemplazarse este término francés por 'punto muerto' o 'callejón sin salida', regístrese en itálicas.

**impreso.** Conviene distinguir esta voz en función de sustantivo, adjetivo o participio irregular de 'imprimir', del participio regular 'imprimido'. Ejemplos: 'Organicé los *impresos* que me pediste, y te los envié por correo'; 'Sólo puedo aceptar los recibos *impresos'*; 'Esta editorial ha *imprimido* más de mil 500 títulos'.

**incidente,** que se relaciona con 'accidente' sólo en el sentido de que es un hecho *fortuito*, jamás podrá expresar mejor que 'accidente' el suceso desgraciado que éste implica, y mucho menos sustituir con propiedad y precisión palabras como 'homicidio' que, si bien puede ser también *fortuito*, no es éste su rasgo principal.

**inclusive** e **incluso** pueden alternarse indistintamente en construcciones que invoquen sus funciones adverbiales: 'Los automovilistas reclamaban *incluso* (o *inclusive*) desbloquear las carreteras'.

**indexación** e **indexar** provienen del sustantivo latino *index* ('índice' o 'catálogo'), y se utilizan en economía para señalar las variaciones de un valor en relación con un índice determinado. No obstante que la vigésima primera edición del *Diccionario* remitía a las palabras 'indización' e 'indizar', la vigésima segunda las registra sin objeción como 'indexación' e 'indexar', aunque en las definiciones de ellas no especifica el uso especializado que tienen en economía.

**Indianápolis,** con acento gráfico y una sola 'n', ha sido plenamente incorporada al español en lugar del topónimo estadunidense *Indiannapolis*.

**indio** será el gentilicio que aplicaremos a los habitantes de la India; también, el sustantivo que usaremos para los pueblos aborígenes de América. La voz 'hindú' la reservaremos para la religión predominante en la India: el hinduismo. (Ver **hindú.**)

**inefable** es algo 'que no se puede explicar con palabras': 'una experiencia *inefable*'. En sentido estricto, califica lo *indescriptible* o *indecible*, por lo que resulta abusiva su sinonimia con *maravilloso*, *hermoso*, etcétera, pues también podría aplicarse a lo '*indeciblemente*' *horroroso* o *terrorífico*.

**inerte,** 'sin vida o sin movimiento', no debe confundirse con 'inerme', que sólo se refiere a alguien 'indefenso o sin armas'.

***in extenso,*** que en latín quiere decir 'ampliamente', aparecerá en itálicas.

***in extremis,*** locución latina cuya traducción es 'en el último momento' o 'en las últimas', conservará las cursivas.

**infante.** En español esta palabra designa sobre todo al menor de siete años y al soldado de infantería. En ambos casos, el género es común: '*el/la* infante de marina'. Sólo se diferencia en género cuando se usa en el contexto de la realeza, con los sentidos del 'hijo o la hija del rey', así como de ciertos parientes que obtienen ese título, casos en los que deberá escribirse: '*el infante* del rey' o '*la infanta* del rey'.

**infición** e **inficionar,** vocablos que proceden del latín *infectio*, fueron aceptados por la última edición del *Diccionario.* Sin embargo, sólo significan 'infección' e 'infectar', de modo que procuraremos evitarlos en el sentido de 'contaminación atmosférica'.

**inflamar** es, entre otras cosas, 'encender algo que arde con facilidad desprendiendo llamas inmediatamente'. Una equivocada deducción ha hecho pensar a muchos que 'inflamable' significa que 'no se quema' porque pareciera reunir la negación 'in' y 'flama'. Entre las causas de la confusión está el hecho de que, en inglés, algo que puede incendiarse es *flammable.* Tras observar que en español no se *flama* nada, sino que se 'inflama', cabe advertir que 'inflamar' proviene del latín *inflammare*, que ya incluye en su raíz la acepción mencionada sin recurrir al prefijo 'in', como tampoco lo hacen palabras como 'inerte', 'interior' o 'inteligible'.

**infligir** es 'imponer, condenar' a castigos y penas. 'Infringir', en cambio, tiene el sentido de 'quebrantar leyes u órdenes'. Véase la diferencia en el siguiente ejemplo: 'Quien *infringe* las leyes, se expone a que le sea *infligido* un castigo'.

**influenciar** e **influir** son dos voces aceptadas por la Academia, sólo que la primera –procedente del francés *influencer–* se usa únicamente como verbo transitivo, mientras que la segunda, marcada por el *Diccionario* como verbo intransitivo, en el uso puede ser transitivo e intransitivo. Dos ejemplos de 'influenciar': 'Los diputados están muy *influenciados* por los noticieros televisivos'; 'Las declaraciones del presidente y las posturas de los senadores pueden *influenciar* los fallos de la Corte'. Un ejemplo de 'influir' en función de transitivo: 'Aunque su postura personal era diferente, fue *influido* por los dirigentes del partido'; y otro como intransitivo: 'Con mi discurso, no estoy tratando de *influir* en la decisión de los magistrados; tal vez *influya* lo que publican los periódicos'.

**in fraganti** alude al mismo momento en que se está cometiendo el delito o realizando una acción censurable. Como es una deformación de la expresión latina *in flagranti* y ya tiene uso generalizado, no requiere cursivas. Asimismo, aunque puede registrarse en una sola palabra, optamos por usar dos.

**ingeniera.** Es recomendable usar el femenino del sustantivo 'ingeniero'.

**ingerir** e **injerir** siguen causando estragos en el medio periodístico. Son verbos con significados diferentes ('ingerir': comer, beber; 'injerir': entremeterse o entrometerse) que tienen sustantivos distintos: 'ingestión' en el primer caso, e 'injerencia' en el segundo. No podemos, pues, decir: 'La *ingestión* (lo correcto es *injerencia*) de Estados Unidos en los asuntos mexicanos', ni 'La *injerencia* (lo propio es *ingestión*) de alimentos'. Como no existe en español el vocablo *ingerencia* con *g*, es incorrecto también escribir: 'La *ingerencia* de Estados Unidos en los asuntos mexicanos'.

**inicializar,** que viene del inglés *to initialize*, ya aparece legitimado con la siguiente definición: 'Establecer los valores iniciales para la ejecución de un programa' en informática. No es sinónimo de 'iniciar' o 'comenzar'.

**iniquidad** significa 'maldad' o 'injusticia'. Aunque puede construirse igualmente la palabra 'inequidad', uniendo la partícula 'in' al sustantivo 'equidad', con el sentido de 'falta de igualdad', la mayor parte de las veces se usa 'inequidad' para señalar una injusticia. En estos casos preferiremos 'iniquidad', y reservaremos 'inequidad' para los usos en que denote sólo falta de proporción o de armonía.

***in péctore*** es una locución latina que indica la designación de una persona en un cargo cuando aún no se formaliza o se hace pública: 'El canciller *in péctore* no quiso responder a la pregunta'. Irá en itálicas.

***in situ,*** 'en el lugar', seguirá en cursivas.

**intercepción** e **interceptación** son correctas, mas optaremos por 'intercepción'.

**interfaz,** castellanización del inglés *interface*, que señala una conexión de dos sistemas o aparatos independientes, no se escribirá *interfase* y tendrá género femenino: '*la* interfaz'.

**ínterin,** adaptación del latín que significa 'entre tanto', es palabra esdrújula que lleva tilde en la primera 'i', no en la segunda. Va en redondas.

**internet.** Esta voz, acrónimo de *International Network*, ya forma parte del lenguaje común, por lo que reclama rectas y minúsculas, como 'radar', 'sida' y 'láser', términos de uso corriente provenientes de siglas o acrónimos. Su género es femenino: '*la (red) internet*'.

**interrogante.** No obstante que se aceptan dos géneros para este vocablo, uniformaremos su escritura en femenino: '*la interrogante*'.

**ionósfera** presentará tilde, al igual que 'atmósfera', 'estratósfera' y todas las voces compuestas que terminen en *-sfera.*

***ipso facto,*** que quiere decir 'de inmediato', será mantenida en cursivas. No debe acompañarse de la preposición 'de': *de ipso facto*.

**Irak** se rematará con *k* por respeto a la grafía del español, idioma al que es extraña la terminación en *q*. Pero también por respeto a su fonética, que rechaza terminaciones en *ki* e inclusive altera la grafía de extranjerismos como *yankee* prescribiendo *yanqui*, el gentilicio de 'Irak' será para nosotros 'iraquí' o 'iraquíes', del mismo modo en que el gentilicio para 'Nueva York' es 'neoyorquinos'.

**islam.** Esta palabra remite a la religión fundada por Mahoma y al conjunto de pueblos que la practican. Equivale a 'islamismo'. Quien profesa dichas creencias es 'islámico'. Debe tenerse cuidado con los derivados 'islamita' e 'islamista', pues mientras el primero es sinónimo de 'islámico', el segundo designa a un integrista o partidario radical del 'islam' que lleva sus creencias a los campos político y social.

**israelí** (plural: 'israelíes') es un 'natural o ciudadano del Estado de Israel, perteneciente a dicho Estado'. No es sinónimo de 'judío', persona que practica el judaísmo o que, independientemente de su credo, desciende de padres judíos.

**ítalo** requiere acento gráfico, mas no al formar parte de una palabra compuesta, sin guión, como 'italoargentino'.

# j

**jalonear** es un americanismo derivado de 'jalonar', y por eso se recomendaba escribir: 'era violentamente *jalonado*'. No obstante, aquí usaremos los americanismos 'jalonear' y 'jaloneado', que ya son aceptados por el *Diccionario* de la RAE.

**Jartum** será el nombre que asignaremos a la capital de Sudán.

***jazz*** se conservará en itálicas.

***jean*** y ***jeans*** irán en cursivas.

***jeep*** continuará en itálicas, con su plural *jeeps,* mientras la mayoría de los mexicanos no escriban 'yip' o 'todoterreno'. (Ver **todoterreno.**)

**jenízaro,** que significa 'mezclado', 'híbrido', y que en México se usó para señalar al 'descendiente de cambujo y china, o de china y cambujo', sólo se admitirá cuando no implique racismo, o en referencias históricas y literarias. Cabe emplearlo para designar a un soldado de la guardia imperial turca, pero evitaremos el anacronismo que, de vez en cuando, aparece todavía en algunas notas de la prensa mexicana en referencia al policía.

**Jerusalén** es la forma que aceptamos, no *Jerusalem.* El gentilicio es 'jerosolimitano'.

**jipi, jipismo.** Pese a que estas grafías del español no se hallan todavía muy extendidas en América, existe una tendencia en tal sentido que conviene respaldar.

**jit.** Como hemos hecho con 'beisbol', 'cátcher' y 'jonrón', castellanizaremos la voz inglesa *hit* como 'jit' dentro de ese deporte. (Véase **hit.**)

***jockey,*** que designa en inglés al jinete profesional, se mantendrá en cursivas pese a la propuesta de adaptarla en la forma de 'yóquey', porque otra iniciativa, la de castellanizar *hockey* como 'jóquey' (el deporte de pelota y bastón), que ya tiene cierto uso, puede generar confusiones. El nombre del deporte *hockey* también irá en itálicas.

**Johannesburgo** será la forma de denominar a esta ciudad sudafricana, con doble 'n'.

**jonrón.** La trasnformación en español de *home run,* con sus derivados 'jonronear' y 'jonronero', hace ya totalmente innecesario recurrir a la grafía inglesa.

**judo.** En tanto la propuesta académica de escribir 'yudo' no tenga mejor suerte, mantendremos 'judo' en rectas.

**juez.** Si bien en la actualidad se acepta el femenino *jueza,* este sustantivo había sido tradicionalmente de género común. Diremos '*la* juez' mientras 'jueza' no se generalice.

**júnior,** con acento gráfico, es ya una castellanización de este término (proveniente originalmente del latín *iunior*, 'más joven', y convertido por la lengua inglesa en el vocablo *junior).* La tilde nos autoriza a incorporarlo en rectas.

# k

**kamikaze** se registrará en redondas.

**karate** llevará rectas, pero no tilde.

**Kazajistán** será el nombre que aceptaremos de este país asiático. Su gentilicio, 'kazajo'.

**Kenia,** no 'Kenya', denominaremos a la nación africana cuyo gentilicio es 'keniano'.

**kermés** ya es de uso generalizado, y vuelve innecesaria la grafía original del francés (*kermesse*).

**kibutz** se llama a las colonias agrícolas comunitarias de Israel. Irá en rectas o redondas.

**kilo** es un prefijo que significa *mil* y se utiliza en medidas como '*kilo*gramo' (mil gramos) o '*kiló*metro' (mil metros). Sin embargo, lo admitiremos como apócope de 'kilogramo'. Podremos escribir, indistinta pero uniformemente en un solo texto, 'kilowatt' o 'kilovatio'.

***kindergarten.*** En lugar de esta palabra de origen alemán, y de su deformación *kindergarden,* utilizaremos 'jardín de niños'.

**kiosco** será reemplazado por *quiosco.*

**Kioto** se escribirá con 'i', no con 'y', como aparece en su forma inglesa *Kyoto*.

***kit,*** un juego de piezas que sirven para armar algún objeto u aparato, es una voz proveniente del inglés que irá en itálicas cuando no podamos sustituirla por 'juego' o 'equipo'.

***kitsch,*** término alemán que se refiere a una mezcla de objetos heterogéneos pasados de moda y de mal gusto, se registrará en cursivas y será invariable en plural.

**Kosovo,** no 'Kósovo', es la grafía que recomendamos para esta región. Su gentilicio, 'kosovar'.

**kung-fu,** el arte marcial de origen chino, irá en rectas y con guión.

# l

**la, las** tienen la función de acusativo del pronombre 'ella' y, en consecuencia, diremos: '*la* saludé', no '*le* saludé'. Para evitar cacofonía, el artículo 'la' será sustituido por la forma masculina 'el' antes de sustantivos que empiecen con 'a' acentuada prosódica u ortográficamente, como en las expresiones '*el* alma', '*el* ave', '*el* ánima', '*el* alza', y también ante algunas palabras de género ambiguo sin importar su acentuación, como '*el* azúcar'. No aceptaremos este artículo en nombres de países, como '*la* Argentina' o '*la* China'.

**lagaña.** Aunque el uso culto prescribe 'legaña', validaremos la forma generalizada en México: 'lagaña'.

**Laos.** Su gentilicio es 'laosiano'.

**lapso.** Pese a que la segunda acepción académica de este sustantivo es '*tiempo* entre dos límites', el *Diccionario* ha legitimado ya la locución redundante *lapso de tiempo;* nosotros la evitaremos siempre que sea posible escribir, con brevedad, solamente 'lapso'.

**láser.** El origen de este término es la sigla de *L*ight *A*mplification by *S*timulated *E*mission of *R*adiaton (luz amplificada por la emisión estimulada de radiación), pero ya fue plenamente aceptado por los académicos así, con tilde, minúsculas y rectas. De igual forma procedemos en el caso de las voces 'radar', 'sida' e 'internet', que algunos medios denominan 'siglónimos'.

**latinismos.** La RAE procedió a eliminar las itálicas para casi todos los latinismos. Sin embargo, en **Proceso** mantendrán las cursivas, con las tildes indicadas por su pronunciación, en atención a nuestros lectores, pues aunque los latinismos tienen amplio uso en el clero y en el ámbito académico, la mayoría de los lectores de revistas, periódicos y libros no saben en cuáles sílabas recae el énfasis.

**le** y **les.** Es frecuente el mal empleo de *le* o *les* por *la*, *lo, los* o *las*, como en este caso: 'A las personas reunidas, *les* (lo correcto es *las*) encontré asustadas', o bien: 'El problema *le* (en vez de *lo*) condujo a la ira'. Asimismo: 'El diputado habla con los reporteros y *les* insulta', en lugar de '*los* insulta'. Se incurre igualmente en el solecismo: 'No *le* temo a los aviones', en vez de decir 'no *les* temo'.

**legitimación** y **legitimar** son las formas apropiadas de estas palabras, no *legitimización* y *legitimizar.*

***leitmotiv,*** 'motivo central recurrente de una obra', se registrará en itálicas cuando no parezca pertinente permutarla por 'motivo' o 'tema'.

**lente.** No obstante que este sustantivo es de género ambiguo, optamos por su forma masculina: '*el* lente', '*los* lentes', '*los* lentes de contacto'.

**Lesoto,** con su gentilicio 'lesotense', será nuestra grafía, no *Lesotho.*

**Letonia.** El gentilicio y el nombre del idioma de este país: 'letón'.

**ley** irá en minúsculas si no forma parte de un nombre propio: 'Todos somos iguales ante la *ley*', 'La *ley* en cuestión es anticonstitucional', 'La *ley* que norma el régimen de propiedad en el campo es el artículo 27 constitucional'. Pero: '*Ley* Federal del Trabajo', '*Ley* de Organizaciones Políticas y Procesos Electorales', 'Ley del Instituto de Seguridad y Servicios Sociales de los Trabajadores del Estado'.

**libido,** referente al deseo sexual, va sin acento gráfico, como voz grave que es, a diferencia de 'lívido', que significa 'pálido' o 'amoratado'.

**licuar.** Aunque ahora se permite acentuar esta voz conforme al modelo *actuar* ('yo licúo'), seguiremos utilizando la forma más apropiada y a la cual nos hemos habituado, de acuerdo con el modelo *averiguar*: 'yo licuo'.

**lideresa.** La mayoría de los diccionarios no incluyen el sustantivo *lideresa*. En México, sin embargo, ya es de uso frecuente y, en aras de la uniformidad, se aplicará a la mujer que ejerza un liderazgo.

***light*** es una palabra que, en el territorio mexicano, tiene un uso comercial muy extendido. La escribiremos en itálicas cuando no sea pertinente reemplazarla por 'ligero', 'suave', 'descafeinado' o 'bajo en calorías'.

**limosnero,** originalmente, era sólo el que daba limosna, pero actualmente, tanto por el uso como por legitimación académica de la acepción, es también el que la recibe. Siempre que sea posible, emplearemos 'mendigo' o 'pordiosero' para el segundo caso.

**limusina.** Este vocablo ha tenido tanta aceptación en español que ya no se requiere *limousine*.

***link.*** Cuando no resulte pertinente sustituir este término de la informática por 'enlace' o 'vínculo', se escribirá en cursivas.

**litósfera,** con tilde, será mejor que escribir 'litosfera'. (Véase **ionósfera.**)

**Liubliana** es la forma adaptada del nombre de la capital de Eslovenia. Prefiérase sobre 'Ljubljiana'.

***lobby*** y ***lobbyst*** pueden convertirse en 'grupo de cabildeo' y 'cabildero' cuando se refieran a las personas que presionan en procura o defensa de ciertos intereses. Si no es posible evitarlas, escríbanse en itálicas, inclusive en el caso de que *lobby* designe el 'vestíbulo' de un establecimiento.

**lonche, lonchera** y **lonchería** son americanismos provenientes del inglés *lunch*, perfectamente admisibles en nuestra lengua aunque no han sido legitimados. Podemos usarlos en **Proceso**, tomando además en cuenta que, a diferencia de otros países, donde 'lonche' sólo es una 'comida ligera', en el norte de México, como en el estado de Chihuahua, también significa 'torta' o 'emparedado'.

***look.*** En circunstancias donde no resulte adecuado emplear los equivalentes 'imagen' o 'aspecto', *look* irá en itálicas.

**lugares comunes.** En **Proceso** evitaremos cuanto se pueda los clichés o lugares comunes, –en algunos títulos son a veces necesarios por el imperativo de resumir– que la mayor parte de las veces son obra de la pereza, la comodidad, el facilismo y la falta de imaginación. A menos que sean declaraciones textuales, evitaremos lugares comunes como los siguientes: *tenía el agua hasta el cuello; estaba en un callejón sin salida; la esperanza muere al último; el que mucho abarca poco aprieta; mala hierba nunca muere; una imagen dice más que mil palabras; todos los caminos llevan a Roma; el mundo es chico...*

En nuestra redacción, a lo largo de los años, hemos detectado en **Proceso** la publicación de muletillas, clichés, frases hechas y lugares comunes como los siguientes (que sólo aceptaremos, con reservas, en algunos títulos, declaraciones textuales y reproducciones literales):

–La oposición había *convertido* el estado *en un polvorín.*

–*Muchos pactos, pocas nueces.*

–El presidente estaba con *la espalda contra la pared.*

–El Tratado dejó de ser *miel sobre hojuelas.*

–El alcalde recibió una *lluvia de críticas.*

–Más valía *cortar por lo sano.*

–Estaba cansado de ser *carne de cañón.*

–*El fantasma* de la violencia y el narcotráfico *se asomó* de nuevo.

–El agente del Ministerio Público *fue una tumba* cuando se le entrevistó.

–El expediente se guardó en la PGR como *el más preciado tesoro.*

–El comandante militar *hizo oídos sordos* a las denuncias presentadas.

–Por las escaleras y pasillos *corrían ríos de sangre...*

–Corpulentos y *armados hasta los dientes,* viajaban detrás del funcionario público...

–*Como pez en el agua,* en una conferencia de prensa, el funcionario advirtió…

–La noticia *se extendió* entre los periodistas *como reguero de pólvora.*

–El jefe de gobierno estaba *en el ojo de la tormenta.*

–La entrevista fue programada por *su mano derecha.*

–*No tuvo empacho* en ubicarlos en el más alto nivel de la historia patria.

–Se ofrecieron los siguientes *botones de muestra...*

–El grupo empresarial estaba *de manteles largos.*

–El primer orador de la ceremonia *se llevó las palmas.*

–Los columnistas le han *dado* al gobernador *duro y tupido.*

–La confrontación legislativa fue *un choque de trenes.*

–La situación del penal es *una bomba de tiempo.*

–Esa región *ha sido un* permanente *polvorín.*

–Miles de mexicanos, abrumados por sus deudas, se encuentran *con la soga al cuello.*

–México pasó a ser *el patito feo* de la Cumbre.

–Era un expediente *plagado de irregularidades.*

–*Mientras son peras o son manzanas...*

–Este lugar *es un edén.*
–El magnate estaba *al borde del precipicio.*
–Las diferencias se advertían *a flor de piel.*
–El presidente vivía *una situación explosiva.*
–En México *la ley es letra muerta.*

# m

**magnificar,** antónimo de 'minimizar', denota 'engrandecer, alabar, ensalzar', pero 'en exceso', como advierten algunos lexicólogos.

**malvinense** es el gentilicio de las islas Malvinas.

**mánager.** Con la tilde, este anglicismo ingresó plenamente a nuestro idioma. No obstante, úsese sólo si en la nota no resulta pertinente reemplazarlo por 'entrenador', 'gerente', 'directivo'.

**manatí.** El nombre de este mamífero acuático se pluralizará 'manatíes'.

**Mánchester.** Así, con el acento gráfico, este topónimo estadunidense ingresó al español.

**mandamás** aparecerá en una sola palabra, indicando con el artículo su género: 'el mandamás', 'la mandamás'. Su plural será 'mandamases'.

**maniquí** se pluraliza 'maniquíes'.

**maorí,** el nombre del pueblo aborigen de Nueva Zelanda, se pluralizará 'maoríes'.

**maratón** ya hace tiempo que perdió la *h* que algunos siguen empleando: *marathón.* Aunque puede acompañarse de artículo masculino o femenino (*la maratón* o *el maratón*), tendrá aquí forma masculina.

***maremágnum*** llevará tilde e itálicas, pero se empleará el plural 'maremagnos', como procedemos con 'memorandos' y 'referendos'.

**mariguana,** no 'marihuana', será nuestra grafía para esta droga.

***marine*** no debe traducirse como 'marino', sino como 'infante de marina'. Si en alguna circunstancia esto no resulta pertinente, regístrese *marine* en itálicas.

***marketing.*** Cuando no sea posible permutar esta voz por sus equivalentes 'mercadotecnia' y 'mercadeo', irá en cursivas.

***match.*** Sustitúyase siempre que se pueda por 'partida', 'contienda', 'justa', 'competencia'; de otro modo, se escribirá en itálicas.

**matiné.** Procedente del francés *matinée*, este sustantivo designa sobre todo una función de cine que tiene lugar por la mañana. Óptese por la forma hispanizada, sin olvidar que es de género femenino: '*la* matiné', no '*el* matiné'.

***mea culpa,*** la expresión latina que significa 'por mi culpa', se mantendrá en itálicas. Su plural sólo será reflejado en el artículo: 'los *mea culpa*'.

**mecer.** Aunque este verbo tenía antiguamente una conjugación irregular ('mezco', 'mezca'), hoy se conjuga de manera regular: 'meza', 'mezo', etcétera.

**médico** permite el femenino 'médica', que usaremos en nuestras publicaciones cuando sea necesario: '*La médica* recetó antibióticos al niño'.

**Medievo,** con mayúscula, se denominará a esta etapa histórica que en otras partes se designa 'Medioevo'. Sus derivados, en concordancia, serán 'medieval', 'medievalista', etcétera.

**membresía.** A pesar de que algunos académicos recomiendan escribir este americanismo con 'c', *membrecía,* porque *-cía* es el sufijo correspondiente a este tipo de derivados (*abogado, abogacía; clero, clerecía*), continuaremos utilizando 'membresía', que ya fue reconocido por el *Diccionario.*

**memorándum.** Esta palabra, procedente del latín, fue ingresada al español, pero al hacerlo se produjo el problema que representa construir su plural. En latín, el plural es *memoranda.* En español, la Academia recomienda 'memorandos'. Para sortear el conflicto, podremos emplear, indistinta pero uniformemente en un texto, 'memorándum' o 'memorando', mas cuando se requiera el plural usaremos siempre 'memorandos', como haremos con 'referendos' y 'currículos'.

**menjurje.** Así han adoptado México y Centroamérica el vocablo que se aplica a una mezcla de ingredientes y que en España se identifica como 'mejunje'. En **Proceso** será 'menjurje'.

**menor** es un adjetivo que suele emplearse mal en frases como: 'La fortuna de Azcárraga es *menor a* la de Slim' (lo correcto es *menor que*); y también: 'Estaré fuera de la ciudad por un lapso *no menor a* cuatro meses' (lo apropiado aquí es *menor de*).

**menú,** procedente del francés, irá en redondas y se pluralizará 'menús'.

**mesosoprano,** en español, será la grafía por la cual optaremos, en lugar del italiano *mezzosoprano.*

**meteorología** aparece muchas veces en forma incorrecta: *metereología.* Recuérdese, para evitar el error, que el nombre de esta ciencia procede del sustantivo 'meteoro'.

**Míchigan,** con tilde, proponen escribir quienes procuran trasladar al español los nombres extranjeros, y así lo haremos.

**minimizar** implica 'reducir lo más posible el tamaño de algo o quitarle importancia'. De manera que se puede usar tanto en la forma de 'minimizó la página *web* de la dependencia', como en el sentido de 'desdeñar': 'minimizó las advertencias de la policía'.

**ministra.** No dudaremos en denominar así a la funcionaria de justicia o de gobierno que ocupe dicho cargo. Pero diremos 'primera ministra', no 'primer ministra'.

**Misisipi,** no *Misisipí* ni *Mississippi*, será nuestra grafía.

**Misuri** es la castellanización del nombre de la ciudad y el río estadunidenses *Missouri*.

***modus operandi,*** latinismo que equivale a 'modo de obrar', no perderá las itálicas.

***modus vivendi,*** 'modo de vivir o de ganarse la vida', irá en cursivas.

**moka** llamaremos a cierto tipo de café, no 'moca', como algunos sugieren.

**motocrós,** en español, ha vuelto prescindible el término francés *motocross*.

***motu proprio.*** Esta locución latina, que aceptaremos en itálicas, no debe llevar antepuestas preposiciones como 'de' o 'por', debido a que literalmente significa 'con movimiento propio'.

**mucho-cha.** Es preciso procurar que las expresiones 'mucho más' y 'mucho menos' concuerden con el sustantivo correspondiente en género y número: "Te pedimos 'muchas más' (no *mucho más*) cuartillas para este reportaje". Igualmente: "Parecía tener 'mucha más' (no *mucho más*) información que la primera parte". La misma fórmula de concordancia regirá en las expresiones 'mucho mayor' y 'mucho menor': "Es preciso trabajar con 'mucha mayor' velocidad"; y: "De otro modo, se le prestará 'mucha menor' atención".

**mujaidín,** combatiente islámico fundamentalista, se escribirá así, no 'muyahidín'. Su plural será 'mujaidines'.

**Múnich.** Los académicos sugieren que, como signo de su incorporación al español, pongamos acento gráfico al nombre de esta ciudad de Alemania. Atenderemos dicha recomendación.

**munícipe** es 'vecino de un municipio', en tanto que 'edil' es el 'miembro de un ayuntamiento'. Para referirse al alcalde, muchos reporteros escriben 'munícipe', palabra que no lo distingue de ningún otro ciudadano de la región; 'edil', en cambio, lo hace parte del gobierno, aunque tampoco lo distinga de los regidores, quienes, como el alcalde, son 'munícipes' y 'ediles'. (Ver **alcalde** y **edil.**)

**músico** se convierte en 'música' al aplicarse a la mujer que practica el arte musical.

**musulmán** es una persona que profesa el islamismo, no un árabe.

# n

**naíf,** no *naif*, es el nombre propuesto para la corriente artística que expresa una sensibilidad infantil o ingenuidad deliberada. Lo convalidamos.

**nailon,** en español, nos autoriza a prescindir del anglicismo *nylon.*

**Nanjing,** topónimo recomendado por el sistema pinyin, será el que utilizaremos para esta ciudad china, no el tradicional 'Nankín'.

**Neandertal** es la forma hispanizada que aquí se adoptará en referencia a esta región de Alemania, en lugar del original *Neanderthal.*

**nepalés,** no 'nepalí', será el gentilicio de Nepal, aunque ambos son correctos.

**nevar.** Este es un verbo irregular que se conjuga como 'acertar'. Debe escribirse: 'En invierno *nieva*', no *neva*.

**nivel.** No obstante que ya se considera apropiado escribir frases con la locución 'a nivel', como 'a nivel de presidentes' o 'a nivel internacional', procuraremos cambiarla por la expresión 'a escala' ('*a escala* internacional') cuando no estemos obligados a su reproducción literal.

**no aceptación.** Conviene a nuestra lengua evitar esta expresión y otras similares: 'no apoyo', 'no asistencia', 'no comprobación', 'no participación'. En ocasiones pueden sustituirse por sus equivalentes, precedidos del prefijo *in*: 'Preocupa la *inasistencia* de los electores', en vez de la *no asistencia*; otras veces, el sustantivo puede ser reemplazado por el verbo correspondiente, ya sea en infinitivo o conjugado: 'Los maestros decidieron no participar en el desfile'; aquí se evitó la forma: 'La decisión de los maestros fue la *no participación* en el desfile'. En lugar de 'los sindicatos persisten en la *no aceptación* de las propuestas patronales', diremos: 'Los sindicatos persisten en *no aceptar* las propuestas patronales'.

**Nobel,** y no *Nóbel*, es la denominación del premio anual instituido por Alfred Nobel que entrega la Academia Sueca a escritores, científicos y pacifistas distinguidos. La pronunciación en sueco es aguda (*Nobel*), no grave. No se confunda esta palabra con 'novel', adjetivo castellano que significa 'nuevo', 'principiante': 'artista *novel*'.

**nocaut,** en español, nos permite no emplear más *knock-out.*

**Nochebuena** se está imponiendo en lugar de 'Noche Buena', y aquí reforzaremos esa tendencia.

**nómada.** Pese a que en algunos países sudamericanos suele escribirse 'nómade', emplearemos 'nómada' si no debemos hacer una transcripción literal.

**nomás.** Aunque la expresión 'no más' significa, para la mayor parte de las naciones de habla hispana, 'nada más', en México también se usa en una sola palabra para enfatizar algunas expresiones: 'Dime *nomás* de qué se trata'; o bien, con el sentido de 'en cuanto': '*Nomás* me avisas, y yo te lo publico'.

**nombre.** Las locuciones 'a nombre de' y 'en nombre de' tienen usos diferentes: 'Llegó un paquete *a nombre de* nuestro vecino'. Pero: 'Vengo *en nombre del* embajador a entregarle la visa'.

***non plus ultra*** irá en itálicas.

**noósfera,** al igual que 'atmósfera' y 'ionósfera', llevará acento gráfico.

**Nueva Delhi** incluirá una 'h' después de la 'l'.

**Nueva Orleans** no presentará tilde.

**Nueva Zelanda** será nuestra grafía, en lugar de 'Nueva Zelandia'. Gentilicio: 'neozelandés'.

**Nuevo Hampshire.** Los académicos recomiendan –y nosotros los secundamos– escribir así el nombre de este estado, no *Nueva Hampshire* ni *New Hampshire*.

**Núremberg** se denominará esta ciudad alemana, con tilde.

**nutritivo,** al igual que 'nutricio', es algo que nutre, pero, a diferencia de esta voz, aquélla se aplica también a algo que tiene un alto poder alimenticio. Ninguna de ambas debe confundirse con 'nutricional', que sólo se aplica en frases como: 'Ella recibió una buena educación nutricional', o bien: 'No me han dado aún mi guía nutricional'.

# ñ

**ñandú,** un ave americana parecida al avestruz, se pluralizará 'ñandúes'. Tiene género masculino.

**ñoño** es un adjetivo que, dependiendo de su contexto, puede significar 'caduco', 'chocho', 'soso' o 'sin ingenio'. Su femenino es 'ñoña', y sus derivados, 'ñoñez' y 'ñoñería'.

**ñu,** el antílope sudafricano, puede pluralizarse 'ñúes' o 'ñus'. Optaremos por la primera fórmula, como en 'ñandúes' y 'tabúes'. Es de género masculino.

# O

**o** es una letra que será permutada por la vocal 'u' cuando preceda a un vocablo que comience con 'o', para evitar la cacofonía: 'siete *u* ocho barcos vi navegar'. Dicha norma debe mantenerse aun cuando la 'o' deba ir entre cifras; ejemplo: 'Fueron 70 *u* 80 personas las que naufragaron'. Hasta hace unos años se recomendaba poner tilde a la 'o' que fuera entre cifras para que no se confundiera con el cero. Los caracteres de las computadoras hacen innecesaria esta precaución. En consecuencia, escribiremos: "20 'o' 30 leguas mar adentro", "50 'o' 60 minutos por lo menos".

**ófset** sustituirá a *offset,* y su plural será 'ófsets'.

**ojos.** No se consideran correctas las expresiones 'a ojos vistos' y 'a ojos vista'. Dígase 'a ojos vistas'.

**olimpiada** puede registrarse de este modo y con tilde ('olimpíada'). Suprimiremos el acento gráfico. Es igualmente válido pluralizarla aunque aluda a unos juegos específicos: 'las Olimpiadas de Atlanta', 'las Olimpiadas de Beijing', pero prefiérase el singular: 'la Olimpiada de Beijing'. Irá en minúsculas cuando no se refiera a una serie de torneos específicos; por ejemplo: "No me gusta viajar a las 'olimpiadas', las veo por televisión".

**oliva.** Es conveniente mantener la distinción entre 'la oliva', que es la aceituna, y el árbol que la produce, 'el olivo', de modo que escribamos 'aceite de *oliva*' (no *de olivo*), porque este producto se extrae del fruto, no del árbol.

**ómbudsman.** Aunque algunos diccionarios no incorporan esta voz de origen sueco que significa 'defensor del pueblo', y ciertos autores la consideran innecesaria, en el mundo de habla hispana se ha extendido, tanto para denominar un oficio como un puesto en organismos de derechos humanos y medios de comunicación. A nuestro juicio, debe ya escribirse sin cursivas y, además, con la tilde que indica su pronunciación en sueco: 'ómbudsman'.

**orden del día** es la 'lista de asuntos que deben tratarse en una reunión' cuando 'orden' es masculino; en cambio, '*la* orden del día' es un mandato militar. No se diga "la 'orden del día' de la reunión" (lo correcto en este caso sería 'el orden'). Además, para referirse a ciertas prácticas comunes o cuestiones de moda, se utiliza la expresión 'a la orden del día', en femenino: 'Los recortes presupuestales están a la orden del día'.

**Orleans,** sin tilde, es la forma adaptada al español del topónimo francés *Orléans*.

**oscuro** está desplazando a 'obscuro', aunque son correctas ambas formas. Usaremos la primera.

# p

**pandemonio** es preferible a la voz latina de la cual procede: *pandemonium*.

**pánel.** No obstante que ha sido acogida sin tilde esta palabra, procedente del francés antiguo y del inglés, en México predomina la pronunciación grave, 'pánel', como se articula en inglés. Así la escribiremos, 'pánel', con el argumento adicional de que el habla popular mexicana utiliza, con acentuación esdrújula (no grave), una voz derivada de aquélla para designar cierto tipo de camionetas: 'páneles', no 'paneles'.

**paparazi** en singular, y 'paparazis' en plural, reemplazarán las voces italianas *paparazzi* y *paparazzo*.

**paquistaní,** no *pakistaní* ni *paquistano*, será nuestro gentilicio para Paquistán.

**paradisiaco,** al igual que 'policiaco', no llevará acento gráfico.

**paraplejia,** como 'hemiplejia', admite una tilde en la última 'i', pero no se la pondremos.

**pardusco** se registrará con 's' aunque algunos autores preconizan 'parduzco'.

***parking*** será aceptada en itálicas cuando no procedan 'estacionamiento', 'aparcadero', etcétera.

***parquet.*** Esta voz, que se traduce como 'entarimado de madera ensamblada', mantendrá las cursivas porque la pronunciación mayoritaria en México conserva la 't', a diferencia del académico 'parqué'.

***password*** irá en itálicas si no cabe 'contraseña'.

**pavorreal** y **pavorreales** son formas preferibles a 'pavo real' y 'pavos reales'.

**peatón.** El femenino de 'peatón' es 'peatona'.

***peccata minuta,*** que significa 'faltas pequeñas' y se utiliza para indicar un 'error leve', figurará en cursivas y con doble 'c'.

**pedigrí** tiene ya tal aceptación en español que prácticamente no se requiere *pedigree.*

**Pekín** se escribirá 'Beijing', conforme lo indica el sistema pinyin.

**pénalti,** proveniente del inglés *penalty*, puede sustituirse por 'penal'. No aceptaremos la grafía que se emplea mayoritariamente en España, *penalti*, como voz grave, sino la esdrújula 'pénalti', que es la pronunciación generalizada en México. Se pluralizará 'pénaltis'.

**Pensilvania,** no 'Pennsylvania', será nuestra predilección.

***per cápita,*** locución que significa 'por cabeza' o 'por individuo', llevará tilde y cursivas.

***performance,*** que en México se emplea con el sentido de 'espectáculo', continuará en itálicas.

**periodo.** Es correcto escribir 'período' o 'periodo'. Nos inclinamos por 'periodo', sin acento gráfico.

**petrolero** es lo relativo al petróleo ('crisis *petrolera*'), en tanto 'petrolífero' es lo que 'contiene petróleo', como en la frase: 'la mejor zona *petrolífera*'. Debe considerarse la distinción.

**pícher.** Véase **pítcher**.

***pick-up.*** Se propone ingresar al español esta voz en forma de 'picop'. Mientras la sugerencia no sea acogida en nuestro país, seguiremos usando la grafía *pick-up,* con guión e itálicas.

**pilotear.** Pese a que en España se ha impuesto 'pilotar', en México la mayoría de los hablantes dice 'pilotear'. Así lo haremos también en **Proceso.**

**piloto,** palabra de género común, no sufrirá alteraciones en frases como la siguiente: 'Una *mujer piloto* rompió el récord de velocidad'.

***ping-pong.*** Los académicos se esfuerzan por castellanizar el nombre de este deporte con fórmulas como 'pimpón' o 'tenis de mesa'. Puesto que esta iniciativa no ha prosperado entre nosotros, escribiremos *ping-pong* con guión y cursivas.

**pítcher.** Se ha pretendido trasladar este anglicismo al español bajo la forma de 'pícher', pero los mexicanos nos referimos al lanzador de pelotas en el beisbol con la misma grafía que tiene en inglés, *pitcher.* Como esta pronunciación es generalizada en México, escribiremos 'pítcher' en redondas y con acento gráfico, al igual que 'cátcher', mientras las iniciativas correspondientes no sean abrazadas por la mayoría.

***pixel.*** Neologismo tomado del inglés para designar ciertos elementos de una imagen digital, puede ir con tilde o sin ella. La usaremos sin acento gráfico y en cursivas.

**piyama.** Validada ya por el *Diccionario*, emplearemos esta grafía en lugar de 'pijama'.

***play-off,*** palabra tomada del inglés en relación con cierto tipo de eliminatorias, llevará itálicas y guión.

**podio.** Está ya tan extendida la castellanización de *pódium*, que el latinismo resulta ocioso, excepto en transcripciones o reproducciones literales.

**poetisa.** A pesar de que el *Diccionario* incluye este sustantivo, algunos medios se resisten a darle cabida y escriben *la poeta*. Aquí llamaremos 'poetisa' a la mujer que escribe obras poéticas.

**policiaco,** al igual que 'paradisiaco', no llevará tilde.

**políglota** no es un adjetivo invariable. Su forma masculina es 'polígloto': 'un periodista polígloto'.

**poni,** en redondas, será mejor que *pony.* El plural, 'ponis'.

***pool.*** Si el contexto nos impide permutar este término por 'equipo', 'grupo' o 'consorcio', lo recogeremos en cursivas. Haremos otro tanto cuando nos refiramos al juego de billar.

**pop,** como moda y estilo musical, figurará en redondas, con su plural 'pops'.

**póquer,** no *póker*, será nuestra grafía para el juego de naipes.

**portaaviones** mantendrá su doble 'a'.

**post, pos** es un prefijo latino que significa 'después de'. En general, lo uniremos a la palabra que acompañe, y emplearemos la segunda forma (*pos*) en palabras como '*pos*revolucionario', '*pos*grado', '*pos*guerra' y '*pos*fechado', pero agregaremos la 't' cuando la palabra que le sigue comience con 's': '*post*socialismo'. Irá separado y con 't' en expresiones latinas como *post mórtem* o *post scríptum*.

***post mórtem,*** 'después de la muerte', llevará itálicas y acento gráfico.

***post scríptum,*** 'después de lo escrito', se mantendrá en cursivas y con tilde.

**premier,** en redondas, es una castellanización que podemos usar en dos sentidos: como 'estreno' de una obra, y como 'jefe de gobierno' o 'primer ministro'.

**preocupar(se).** Cuando este verbo se utiliza como transitivo pronominal precede a las partículas 'por' o 'de': "Nadie 'se preocupa' *por* mis cargas de trabajo; sólo mi familia 'se preocupa' *de* mí". Es incorrecto escribir: "Me 'preocupo' *porque* no falte nada", en lugar de: "Me 'preocupo' *por que* no falte nada".

**presa(s), preso(s).** Si este vocablo indica que alguien está 'atrapado por una pasión o sentimiento', podemos hacerlo concordar en género y número con el sujeto, pero será mejor con su forma femenina y en singular: "Los manifestantes eran 'presa' (no *presos*) del pánico".

**presídium** es un latinismo que se registrará en rectas porque, además de haber sido plenamente acogido por el español, es reconocido por la mayoría de los lectores. Su plural es 'presídiums'.

**pretensioso** y **pretencioso** designan ya por igual a 'quien tiene pretensiones' que al presuntuoso, 'que aparenta ser más de lo que es'. Se usará solamente 'pretencioso' con ambos significados.

**protagonista** es el 'personaje principal de la acción en una obra literaria o cinematográfica', o bien, 'quien tiene la parte principal en un suceso cualquiera'. Las expresiones *protagonista principal* y *protagonista central* no tendrán cabida porque son pleonasmos.

**psicología** y sus vocablos derivados: 'psicoanálisis', 'psiquiatría', 'psicosis', 'psicodrama', 'psicotrópicos', comenzarán con 'ps'.

**pulman.** Regístrese así en lugar de *pullman*. Su plural es 'púlmanes'.

**púlsar** y **pulsar** designan a una estrella de neutrones de radiación intensa, pero usaremos la forma acentuada 'púlsar' para evitar alguna anfibología con el verbo 'pulsar'.

**punk.** No obstante que el *Diccionario* destaca este neologismo en cursivas, aquí procederemos como en el caso de 'rock': irá en redondas. Es de género común: '*el/la* punk', y su plural será 'punks', aunque en España se usa 'punki' y 'punkis'.

**puntos clave.** Diversos sustantivos, como 'clave', se convierten con frecuencia en adjetivos, conforme aparece en la entrada de este artículo. Aunque 'clave' ya fue formalmente sancionado también como adjetivo, se mantendrá en singular: 'puntos clave', y no *claves,* al igual que 'coches cama', 'carros tanque' o 'escuelas modelo'.

**Punyab.** Este nombre de una región de la India y de Paquistán suele escribirse con 'j': 'Punjab'. Nosotros lo haremos con 'y'. Su gentilicio será 'punyabí', y su plural, 'punyabíes'.

**pus** es un sustantivo masculino ('*el* pus', no '*la* pus'), pero el *Diccionario panhispánico de dudas* reconoce que en México tiene género femenino. Así lo seguiremos empleando: '*la* pus'.

# q

**Qatar.** Este nombre se escribe en muchas partes con 'k' por influjo del inglés, pero es más recomendable hacerlo con 'q'. Su gentilicio será 'catarí', 'cataríes', aunque no sería incorrecto escribir 'qatarí', 'qataríes'.

**quark.** Va en redondas y sin tilde. Su plural es 'quarks'.

**quásar** presentará rectas y acento gráfico. Plural: 'quásares'.

**que** es el pronombre relativo por excelencia; si a ello agregamos su valor de conjunción, se explica que abunde en todo tipo de textos. Es preciso evitar su abuso (conocido como 'queísmo'). Al respecto, cabe recordar que, en lugar de esta palabra, en algunas frases u oraciones puede sustituirse por 'el cual', 'la cual', 'los cuales', o bien, por 'quien', 'quienes', cuando se trate de personas. Por ejemplo: "El asunto 'del cual' (*del que*) informamos ayer"; "los diputados 'a quienes' (*a los que*) se deseaba entrevistar", etcétera.

**quien** y **quién.** Que esta palabra lleve o no acento gráfico depende de su función gramatical como pronombre relativo, interrogativo o exclamativo. Dadas las dificultades para asimilar sus diferencias, que inducen al error frecuente, nos limitaremos aquí a advertir que 'quien', sin tilde, equivale a 'el que', o 'a la que', para en seguida proceder a proporcionar ejemplos de su uso, que servirán de modelos:

**Sin tilde:**

–Todos hablaban del talento del reportero Agustín, *quien* parecía no darse cuenta de su prestigio.
–*Quienes* lo leyeron, siempre guardaron en su memoria una imagen o una frase de sus textos.
–Será un maestro universitario *quien* califique el examen de admisión.
–El rector, *con quien* el catedrático habló del proyecto, asintió complacido.

–Las personas *con quienes* había trabajado enriquecieron su idea.
–Propuso un seminario al director y a los editores, *quienes* aprobaron su participación.
–Hubo *quienes* no estuvieron de acuerdo.
–Ya no tengo *quien* me imparta clases de redacción.
–Sólo tengo *quien* me proporcione alguna guía.
–La nota será clara o confusa, según *quien* la redacte.
–Si es claro, la comprensión del escrito depende *de quienes* lo lean.
–El aprovechamiento de las clases dependerá *de cada quien.*

**Con tilde:**

–¿*Quién* será el expositor?
–¡*Quién* creyera lo que he visto!
–No aceptó reunirse con ellos porque sabía *quiénes* eran.
–¡Mira *quién* trajo la noticia!
–Quisiera enviar el escrito por correo, pero no sé *a quién.*
–No obtuve más noticias porque no sabía *con quiénes* comentarlas.
–Siempre tuve claro *a quién* no debía acercarme.
–El vigilante del área no era *quién* para indicarme cómo proceder.
–La información se daba según *quién* fuera el reportero.
–A mí me dijo: "Señor, depende *de quién* lo envíe".
–La nota, independientemente *de quién* la escriba, debe responder a todas las preguntas.
–*Quién* era miembro del Ejército, *quién* policía judicial, *quién* miembro de la Marina, todos iban armados.
–*Quién* más, *quién* menos, nadie nos quitaba la vista de encima. (En este ejemplo, también es válido sin tilde.)

**quienquiera** es un pronombre indefinido que significa 'cualquiera'. Debe emplearse acompañado de *que*: '*quienquiera que* haya sido, lo pagará'. Su plural es 'quienesquiera': 'Los asaltantes, *quienesquiera que* hayan sido, no escaparán'. No se confunda el pronombre indefinido 'quienquiera' con el relativo 'quién' combinado con una conjugación del verbo 'querer'. En este caso ambas palabras irán siempre separadas: *'Quien quiera un mejor gobierno, que lo exija'.*

**quimono.** Para la túnica japonesa que lleva este nombre, algunos prefieren 'kimono'. En congruencia con la forma de castellanizar algunas voces japonesas (como 'quiosco'), diremos 'quimono'.

**quiosco** será nuestra grafía en vez de 'kiosco' o 'kiosko'.

**quizá, quizás.** Para este adverbio de duda, procedente del latín *qui sapit* (quién sabe), la Academia no establece ninguna distinción entre ambas voces.

**quórum,** al igual que 'memorándum', 'referéndum' y 'currículum', aparecerá en rectas porque un alto número de lectores lo reconoce. Se pluralizará 'quórums'.

# r

**radar** es un acrónimo de 'ra*dio,* d*etecting* a*nd* r*anging'* (detección y situación por radio) que se ha incorporado plenamente al habla de esta forma, en redondas y minúsculas, como ha ocurrido con 'sida', 'láser' e 'internet'. Su género es masculino.

**radiactivo,** no 'radioactivo', será nuestra grafía. Igualmente, diremos 'radiactividad', no 'radioactividad', aunque las dos formas son válidas.

**radio.** Usaremos en masculino esta palabra en referencia al aparato: 'prendió *el radio*', así como al elemento químico: 'los investigadores midieron *el radio* de la zona'. Será, en cambio, femenina, cuando designe la radiodifusión o alguna de las emisoras: '*La radio* compite con la televisión', o 'me informé por *la radio*'.

***rally.*** Contra los autores que recomiendan castellanizar este término como 'rali', el *Diccionario* lo mantiene en cursivas y lo define como la 'competición deportiva de resistencia, de automóviles o motocicletas, celebrada fuera de pista y generalmente por etapas'. Así lo emplearemos.

***rara avis,*** locución que significa 'ave rara', irá en itálicas y presentará género femenino.

***rating.*** Si bien este anglicismo, al parecer, llegó para quedarse, se mantendrá en cursivas. Es el índice de audiencia o porcentaje de personas u hogares que sintonizan un programa transmitido por medios electrónicos.

**Ravena,** nombre de una ciudad que puede escribirse también con tilde, 'Rávena', entre nosotros no la llevará.

**razia.** Una vez que fue adaptada al español, esta voz, tomada del francés *razzia*, puede ir en redondas y con una sola 'z', con el sentido de *redada*. Pero obsérvese que en España y otros países indica también una "incursión, correría en un país enemigo y sin más objeto que el botín". (*Diccionario* de la RAE.)

**rebelarse.** Debe tenerse especial cuidado en que este verbo no preceda a la preposición 'a' en frases como la siguiente: 'Los trabajadores se rebelaron *a* las medidas de la gerencia'. Dígase, en su lugar, 'se rebelaron *contra, ante, frente* a las medidas de la gerencia'.

**rebozar,** con 'z', significa cubrir un producto con otro para cocinarlo. No se confunda con 'rebosar', que quiere decir 'derramarse o desbordarse'.

**recepcionar** es un neologismo inadmisible en lugar del verbo 'recibir'.

**recién,** abreviación del adverbio 'recientemente', sólo se aceptaba acompañado de participio: 'recién *construido*', 'recién *casados*'. Pero ahora se validan usos extendidos en América como: "El reportero 'recién' tuvo un viaje al extranjero", o bien: "'Recién' había terminado de trabajar, cuando me llegó otro reportaje". No obstante, en vez de *'recién' se conocieron,* conviene escribir *'recientemente' se conocieron.*

**récord** fue incorporada desde hace tiempo al español. Se escribirá en redondas y con tilde en el sentido de 'mejor resultado' o 'establecimiento de una marca', pero se rechazarán sus connotaciones de *registro escrito, historial, currículum* o *expediente*, como en el siguiente ejemplo: "En su *'récord' profesional* incluye cátedras de doctorado". Lo correcto sería: "En su *'currículum'* incluye cátedras de doctorado".

**referéndum,** como 'memorándum' y 'currículum', aparecerá en redondas y se pluralizará como 'referendos'.

**réferi.** El vocablo 'árbitro' podría servir para resistirnos a la castellanización del inglés *referee.* Sin embargo, su uso se ha extendido tanto que lo admitiremos sin más, con tilde y en redondas, como equivalente de 'árbitro'.

**registrar** tiene varias acepciones. Las más usuales: 'examinar una cosa con cuidado o diligencia'; 'transcribir o extractar en los libros de un registro público las resoluciones de la autoridad o los actos jurídicos de los particulares'; 'anotar o señalar'; y, debido a la proliferación de un abuso periodístico, como sinónimo de *ocurrir* o *producirse*, los diccionarios terminaron aceptando esta acepción. Pese a todo, téngase en cuenta la impropiedad de escribir frases como: "El día de hoy 'registró' numerosos hechos delictivos", ya que *el día* no *anota* o *señala* nada; la forma más adecuada sería: "El día de hoy *hubo* (o *se produjeron*) numerosos hechos delictivos". Asimismo, a consecuencia de dicho abuso y de la complacencia académica, encontramos oraciones de este tipo: "Ayer 'se registró' una balacera cerca de mi casa". ¿Por qué no "*escuché*, *ocurrió*, *hubo* o *se produjo* una balacera cerca de mi casa", que no sólo son los verbos apropiados, sino también los más precisos? Al parecer, el origen de la confusión es que en la información policiaca coincide a veces la comisión de un delito con su registro o anotación en documentos judiciales.

**rehusar.** El *Diccionario panhispánico de dudas* advierte que esta voz significa 'no aceptar' y menciona un error cometido por **Proceso** en su edición del 21 de julio de 1996: "*Se rehúsan* a cooperar hasta con la mano de obra". Y en seguida observa: "debió decirse *Rehúsan cooperar*". Agrega el *Diccionario panhispánico* otros dos ejemplos de uso apropiado: *Cortés 'rehúsa' la invitación... Obdulio 'rehúsa' obedecer.* Debemos, pues, corregir nuestro error en el uso de este verbo.

**Reikiavik.** Para la capital de Islandia, conviene adoptar esta grafía, y no formas como *Reykiavik* o *Reikjiavic.*

**relación.** En México suele utilizarse la expresión 'en relación a', que los académicos consideran incorrecta. Lo apropiado, indican, es la forma 'en relación con' y 'con relación a'.

**reo-a.** Aunque este sustantivo era de género común, *el reo* y *la reo,* se ha ido extendiendo la pertinente distinción 'el reo' y 'la rea'.

**respecto a, con respecto a, respecto de** han sido reconocidas como expresiones correctas y equivalentes. Pueden usarse indistintamente.

**restaurante,** no 'restaurant' ni 'restorán', será el nombre de este tipo de establecimiento.

**reuma** y **reúma** admiten dos géneros: 'el reuma' y 'la reuma'. Escribiremos 'la reuma'.

***rígor mortis*** quiere decir 'rigidez de muerte'. Destacaremos la expresión en itálicas y pondremos tilde a *rígor* porque así se articula en latín y porque dicha indicación ayuda a la pronunciación de nuestros lectores.

**Río de Janeiro.** El gentilicio para esta ciudad brasileña será 'carioca', no 'fluminense'.

**ripostar.** No debe recurrirse a este término, que se emplea en algunas zonas caribeñas, en lugar de 'responder', 'replicar' o 'contraatacar'.

***rivera.*** Es preciso diferenciar 'rivera', que es el cauce de un río o arroyo, de 'ribera', que indica el borde del mismo o la orilla del mar.

**rock.** Esta voz irá en redondas. En vez de *rock and roll,* escribiremos 'rocanrol', con sus derivados 'rocanrolero' y 'rocanrolear'.

**rol,** tomado del inglés *role,* no tiene ya ninguna objeción en español, aunque sigue siendo recomendable sustituirlo por 'papel' o 'función'. Se escribirá en redondas; plural,'roles'.

**Róterdam** ya es aceptado en todo el mundo de habla hispana en lugar de *Rotterdam.*

**rotura** y **ruptura** denotan 'acción y efecto de romper'; el primer sustantivo se aplica a cosas concretas: '*rotura* de tallo, de tela, de un tejido muscular'; el segundo, a realidades inmateriales: '*ruptura* de relaciones diplomáticas o del orden establecido'.

***round*** llevará itálicas cuando no pueda sustituirse por 'asalto', y *round robin* irá de ese modo si no resulta pertinente reemplazarlo por la locución 'todos contra todos'.

**rugbi,** no *rugby,* será el nombre que daremos a este deporte. El jugador se denominará 'rugbista'.

# S

**saharaui** (no *sajarauí*) es el gentilicio que designará a los habitantes del Sahara Occidental. 'Sahariano' (no *sáhariano*) se aplicará a todo el territorio del Sahara. No debe emplearse *Sáhara,* con tilde, mientras esta modalidad no se generalice.

**saliente.** Aunque en España se aplica artículo masculino a este sustantivo, en México se ha extendido como voz femenina, '*la* saliente', y así la preservaremos.

**samurái** se registrará en redondas y con tilde porque es una adaptación como palabra aguda terminada en vocal.

**san** y **santo.** El *Dicionario* establece que el adjetivo 'san' es apócope de 'santo' y que, cuando precede a nombres propios de personas, debe escribirse en su forma apocopada, excepto en los casos de 'santo Tomás', 'santo Tomé', 'santo Toribio' y 'santo Domingo'. Sin embargo, debido a que no se ha definido un criterio regular para saber cuándo 'san' y 'santo' llevarán mayúsculas, en **Proceso** aplicaremos nuestra norma de reducirlas al máximo, como en el resto de los nombramientos, dignidades, distinciones, puestos y profesiones. Así pues, escribiremos 'san Juan de la Cruz', 'santa Teresa de Ávila', 'san Agustín', 'san Juan Evangelista', 'san Marcos', 'san Francisco', etcétera.

**sándwich** ya se incorporó plenamente al español, y figurará con acento y en redondas.

**Santiago.** El *Diccionario panhispánico de dudas* recoge varios gentilicios para diversos topónimos de América y España. Para Santiago de Chile, 'santiaguino'; para Santiago de Compostela, 'santiagués'; para Santiago de Cuba, 'santiagùero', al igual que para Santiago de los Caballeros, de República Dominicana; y, por último, para Santiago del Estero, Argentina, recomienda 'santiagueño'. Atenderemos tales observaciones.

**sargento** es nombre de género común: '*el* sargento' y '*la* sargento'.

**sarpullido.** Úsese esta voz así pese a que, como americanismo, también pudiera ser 'salpullido'.

**sartén** irá sólo en femenino: '*la* sartén', no '*el* sartén'.

***scanner.*** Este anglicismo ya es frecuente y legítimamente sustituido por 'escáner', con sus sus derivados 'escanear', 'escaneo', etcétera. (Véase **escanear.**)

***score.*** Si en el contexto donde aparezca este término no resulta conveniente cambiarlo por 'marcador', se mantendrá en cursivas: *score.*

***scout*** seguirá en itálicas.

***script.*** Cuando no podamos reemplazar esta palabra por 'guión', llevará cursivas.

**Sebastopol,** ciudad ucraniana, no presentará la grafía *Sevastopol.*

**secuenciar** se conjugará como 'anunciar'.

**sefardí,** que es un judío 'descendiente de los expulsados de la Península Ibérica en el siglo XV', podrá escribirse de esa forma o, como se usa más en México, 'sefardita'.

**segar,** 'cortar con la hoz' y 'cosechar', no debe confundirse con 'cegar', 'perder la vista o hacer que otro la pierda'. Tanto 'segar' como 'cegar' se conjugan como 'acertar': *Yo 'siego', Él 'ciega'*, etcétera.

**sendos** es un adjetivo que se escribe siempre en plural; su sentido es: 'uno para cada cual de dos o más personas o cosas', como en el caso: "Los asistentes recibieron 'sendos' documentos". No se empleará como sinónimo de *grandes* o *enormes.*

**sénior,** que en latín significa 'más viejo', irá con acento gráfico y en redondas.

**set** fue tomada del inglés *set*, pero ya ingresó al español sin itálicas para sus tres acepciones: 1. 'conjunto de objetos de las mismas características o destinados a un mismo fin'; 2. 'plató cinematográfico o televisivo'; y 3. 'cada una de las partes con tanteo independiente en que se divide un encuentro' de tenis y otros deportes. Su plural es 'sets'.

**sexi.** Esta palabra, proveniente del inglés *sexy*, fue trasladada al español con 'i' latina. Así la escribiremos, sin cursivas, aunque éstas son aún necesarias en expresiones como *sex-appeal*.

***sha.*** De este modo se denomina al rey o jefe supremo de Persia o Irán. No obstante que la Academia recomienda castellanizarla con la forma 'sah', mantendremos '*sha*' no sólo por su proliferación en la escritura, sino también porque en México la pronunciamos *cha*. Irá en itálicas.

***shampoo.*** La grafía del inglés será rechazada porque la castellanización 'champú' ya tiene uso generalizado.

***shock,*** que significa simplemente 'choque', se emplea con tal frecuencia y en tantos ámbitos que no puede proscribirse. Admítase en cursivas.

***show.*** La cercanía de México y Estados Unidos aumenta la dificultad para eliminar ciertos anglicismos, como *show* (espectáculo), *showman* y *show-woman*, que aparecen por todas partes (prensa, medios electrónicos, establecimientos comerciales y habla común). Sin embargo, nos seguiremos resistiendo a su plena legitimación mediante las itálicas.

**sida** es un acrónimo de '*s*índrome de *i*nmuno*d*eficiencia *a*dquirida' que irá en minúsculas y rectas, al igual que 'radar', 'láser' e 'internet'. Su género es masculino.

**Sídney,** el nombre de la capital de Australia, llevará tilde, conforme a las reglas de acentuación de las palabras graves. No se aceptará el topónimo inglés *Sydney*.

**sinfín** se escribe en una sola voz y con acento en la segunda 'i' cuando es sustantivo: *un 'sinfín' de aclaraciones*; pero en dos voces y sin acento, cuando es adverbio: *hablaba 'sin fin'*.

**sofisticar** es 'adulterar, falsificar una cosa', pero su empleo como 'refinado', 'complicado', 'artificial', se ha generalizado, y así hay que validarlo: *un aparato 'sofisticado'*.

**sonso,** no 'zonzo', será nuestra manera de construir este adjetivo que significa 'tonto o soso'. Utilizado en España sólo con 'z', los académicos terminaron aceptando la 's' que suele emplearse en varios países de América.

***soufflé,*** sustantivo francés que designa una comida de consistencia esponjosa, aparecerá en cursivas.

***souvenir,*** que se traduce como 'recuerdo', irá en itálicas si en un determinado texto no es oportuno el académico 'suvenir' o su equivalente 'recuerdo'.

***sport,*** que en inglés indica algo deportivo o informal, llevará cursivas.

***sprint,*** esfuerzo final de un corredor para ganar la competencia, sólo se aceptará en itálicas.

***stand,*** puesto de mercado o feria, irá en cursivas.

***statu quo,*** 'estado de cosas en un determinado momento', será mantenido en itálicas y no se convertirá en 'estatus quo'. (Véase **estatus.**)

***stock,*** que en inglés se refiere a una cantidad de mercancías guardadas o embodegadas, va en cursivas.

***streeptease,*** espectáculo donde una persona se desnuda insinuante y lentamente, se escribirá en una sola voz con itálicas.

***stricto sensu.*** Esta expresión latina, que significa 'en estricto sentido', se registrará en cursivas, aunque cabe advertir que la Academia prefiere la locución *sensu stricto*: en 'sentido estricto'.

**suástica** es la grafía que usaremos en lugar de '*swastika*' y 'esvástica'.

**sud.** El hecho de que este vocablo sea de origen francés ha propiciado que la RAE se resista a admitir voces como *sudbajacaliforniano* (sólo acepta 'surbajacaliforniano') y que sobre *sudamericano* prefiera 'suramericano'. Sin embargo, mantiene sin más *sudafricano, sudeste, sudoeste,* e inclusive *sudsudeste* y *sudsudoeste*. En **Proceso** seguiremos escribiendo, pues, 'sudamericano', 'sudcaliforniano' y todas aquellas palabras que habitualmente incluyen el prefijo 'sud'.

**súper,** como adjetivo, adverbio o sustantivo, lleva tilde y debe separarse de las voces que acompaña, como en los siguientes ejemplos: 'He leído un suplemento súper'; 'si no la pasa súper es porque no quiere'; 'no me gusta ir al súper'. Mas como prefijo pierde la tilde y va unido a las voces que acompaña: 'superpotencia', 'superreforzado', 'supereficiente'.

**surcir.** El *Diccionario* preconiza esta forma sobre la antigua 'zurcir'. La adoptaremos con todos sus derivados: 'surcido', 'surcidor/a' y 'surcidera'.

**surf,** proveniente del inglés *surfing* –deporte que se practica en una tabla sobre las olas–, ya fue aceptada por la RAE y, en consecuencia, aparecerá en redondas. Sus practicantes son 'surfistas'.

# t

**tabú.** Aunque este término puede presentar dos formas de plural, *tabúes* y *tabús*, acogeremos la más extendida: *tabúes*.

**tae kwon do.** Seguiremos aplicando la grafía de origen coreano para dicho arte marcial mientras no sean de uso común *taekwondo* o *taekuondo*. Sus practicantes serán *taekuondoístas*.

**talibán.** El *Diccionario panhispánico de dudas* advierte: "Aunque en el dialecto del persa que se habla en Afganistán la forma *talibán* es plural (singular *talib*), esta voz se ha acomodado ya a la morfología española y se usa *talibán* para el singular y *talibanes* para el plural". Tal observación respalda nuestro uso.

**Tanzania.** El gentilicio de este país africano es 'tanzano', no 'tanzanio'.

**Tayikistán** es la forma correcta de transcribir el nombre de este país del Asia central, no *Tajikistán*, y su gentilicio es 'tayiko', no *tayik*.

**télex** no varía en plural: 'voy a transmitir seis télex'.

**templar** es un verbo que, al igual que 'destemplar', se conjuga como regular, aunque antes se consideraba irregular. En consecuencia, diremos: *yo 'templo', no 'destemples'*, etcétera.

**tendiente a.** En vez de esta expresión podremos usar 'tendente a', si lo que tratamos de decir es que algo "tiende a un fin determinado". 'Tendiente' significa, en rigor, que una cosa está detenida o suspendida entre dos puntos: 'ropa *tendiente* de dos broches'. Por lo tanto, es correcto que digamos: 'medidas o políticas *tendentes* a superar la crisis'.

**teniente** es de género común, por lo que se escribirá 'la teniente', no 'la tenienta'.

**test.** Proveniente del inglés, este vocablo, incluido ya por el *Diccionario,* irá en redondas cuando no podamos sustituirlo por 'examen', 'prueba', 'cuestionario', etcétera. No aceptaremos el verbo 'testear' en lugar de 'someter a prueba' o 'examinar'. Se recomienda mantenerlo invariable ante la necesidad de plural ("los 'test' aplicados fueron más de tres") por la dificultad de los hispanohablantes para pronunciar las letras 'sts' al final de 'tests'.

**testigo** es de género común y, en consecuencia, lo correcto es: 'La testigo (no *la testiga*) describió a los secuestradores que irrumpieron en la tienda cuando ella se disponía a ingresar'.

***thriller.*** Esta palabra ya es de uso común en nuestro mundo cultural. No existe otra que, en español, pueda reemplazarla, pues se trata de una historia de suspenso que, en general, implica un asesinato, y que en el oyente o el espectador causa ansiedad por conocer el desenlace. Seguirá en cursivas.

**tic-tac,** que representa el sonido de un reloj, fue admitido ya en una sola palabra: 'tictac'. Pero debido a que en México se ha registrado tradicionalmente con guión, así lo seguiremos empleando porque, de esta forma, representa mejor, con la pausa indicada por el guión, la onomatopeya del reloj.

**tilde.** Ver el artículo **acentuación.**

**todoterreno** es un término que la RAE aconseja en vez de *jeep*, palabra de origen inglés que algunos medios y manuales castellanizan como 'yip'. Nosotros seguiremos escribiendo *jeep*, en cursivas, aunque reproduciremos el vocablo 'todoterreno' cuando lo use un declarante o esté contenido en un documento que transcribamos. (Ver ***jeep.***)

**Tokio,** la capital de Japón, puede ya abandonar su forma inglesa *Tokyo*. El gentilicio: 'tokiota'.

**toma y daca** es una expresión correcta que viene de los verbos 'tomar' y 'dar'. La voz 'daca', sancionada por el *Diccionario*, es una contracción de dos palabras: el imperativo 'da' y el adverbio 'acá'. De manera que 'toma y daca' es, por definición, un trueque simultáneo de cosas o servicios. No obstante que algunos la pluralizan, mantendremos la locución en singular al aplicarla a varios hechos o personas: "Los 'toma y daca' de los reunidos no cesaron". No es necesario destacarla con itálicas.

**tópico.** Más allá de las definiciones que los académicos dan a este vocablo, en referencia a un sitio determinado o a un lugar común, aceptaremos el anglicismo de amplio uso en México con el sentido de 'tema o asunto', como se ilustra en el siguiente ejemplo: 'El conferencista abordó varios tópicos'.

**toráxico.** Pese a que el *Diccionario* sólo incluye el adjetivo 'torácico', emplearemos 'toráxico', que el *Diccionario panhispánico de dudas* considera también correcto y que es la pronunciación más extendida.

**transcribir.** Conservaremos la 'ns' de este verbo, aunque puede decirse igualmente 'trascribir'. Rechazaremos la 'pt' que utilizan algunos países centro y sudamericanos para el participio irregular: 'transcripto'.

**transgredir,** antes defectivo, conjugable sólo cuando hubiera 'i' en la desinencia, puede usarse ahora en todos los tiempos y personas. Es preferible esta grafía a la de 'trasgredir', también válida.

**traumar.** A pesar de que las últimas dos ediciones del *Diccionario de la lengua española* no recogen el verbo 'traumar' (en ambas sólo aparece 'traumatizar'), y aunque algunas obras de dudas y errores lo registran como equivocado, en **Proceso** escribiremos 'traumar', en primer lugar porque la mayor parte de los mexicanos usan esta palabra, no 'traumatizar', y en segundo porque, según el *Diccionario panhispánico de dudas,* '*traumar* (...) es aceptable como derivado morfológicamente posible de *trauma*'.

**travesti.** Es correcto con y sin tilde en la 'i'. Optaremos por 'travesti'. Su plural será 'travestis'.

**trillón,** para el mundo de habla hispana, es un millón de billones (no mil billones, como en Estados Unidos). Por lo que se refiere a 'billón', esta cifra seguirá siendo para nosotros un millón de millones. (Ver el capítulo *Números.*)

# u

**ultimátum** es un latinismo de amplio uso en español, pese a la recomendación de convertirlo en 'ultimato'. Escribiremos 'ultimátum', sin cursivas, al igual que 'memorándum'.

**un, una, uno.** El artículo femenino singular 'una' deberá apocoparse ('un') ante cualquier nombre femenino que empiece con 'a' tónica: *un arma*, *un alma*, *un águila*, *un ave*. Si entre el artículo y el nombre femenino con 'a' tónica se interpone otra palabra, el primero recupera su forma original: *una misma arma se usó en los dos crímenes*. 'Uno' se apocopa también cuando antecede al nombre: *un ser humano*, *un mitin*, y cuando forma parte de adjetivos numerales que precedan a nombres masculinos: *veintiún oradores, treinta y un vigilantes* (pero *cuarenta y una secretarias*). Igual suerte corre antes de la palabra mil: *veintiún mil armas*, *ochenta y un mil almas*. Empero, debe tenerse cuidado con el género. Así, escribiremos *un ave gigantesca* (no *gigantesco*), y *cuando una los rechaza, los hombres se molestan*. En frases que utilizan la fórmula *él fue uno de los que*, la concordancia debe hacerse en plural: *él fue uno de los que se negaron a firmar el desplegado,* no *uno de los que se negó....*

**undécimo.** Pese a que ya se considera correcto que este número ordinal se escriba también bajo la forma 'decimoprimero', seguiremos empleando 'undécimo', pero nunca deberemos confundirlo con el partitivo 'onceavo': *el 'undécimo' piso del hotel*, pero *la 'onceava' parte de los reunidos*.

***urbi et orbi,*** expresión latina que significa 'a la ciudad y al mundo', irá en itálicas.

**urgir** es, originalmente, un verbo intransitivo, por lo que resultaba impropio en el siguiente ejemplo: "El coordinador 'urgió a' la elaboración de los boletines". Debido a que la RAE finalmente lo aceptó también como transitivo, ahora podemos construir, sin infracción, frases de este tipo: "El Congreso 'urge a' los partidos a presentar sus iniciativas; "los senadores 'urgieron a' la aprobación de la reforma petrolera", y "los diputados de oposición 'urgen a' realizar movilizaciones".

**Uzbekistán.** Así consignaremos el nombre de esta exrepública soviética del Turquestán. El gentilicio que emplearemos será 'uzbeco'.

# V

**Vaticano (el).** Emplearemos esta forma, no *la Santa Sede*, para referirnos a la institución de la Iglesia católica (en estos casos, la palabra 'católica' irá en minúsculas; sólo 'Iglesia' llevará mayúscula diacrítica para distinguirla de 'templo'). Debe decirse: *'el Vaticano' media en el conflicto,* no *la Santa Sede*. El artículo que lo precede ('el') se escribirá siempre con inicial minúscula si las reglas de puntuación no obligan al empleo de mayúscula.

***vedette.*** Los académicos preconizan adaptar al español la voz francesa *vedette* mediante la grafía 'vedet', pero pocos medios lo hacen en nuestro país. Mientras esta última forma no tenga amplia aceptación, mantendremos *vedette*, con cursivas. Plural: *vedettes*.

**vehicular.** El *Diccionario* de la RAE registra este término con un uso raro en México, como verbo: "La oficina del contador puede 'vehicular' los documentos a la dependencia correspondiente". No menciona en cambio el frecuente modo de empleo de los mexicanos: *congestionamiento 'vehicular', parque 'vehicular',* etcétera. Así lo seguiremos utilizando.

**venimos** es la forma verbal aplicada a la primera persona del plural del presente de indicativo del verbo 'venir'. El pretérito es 'vinimos'. No se aceptará, por consiguiente, la expresión 'nosotros *venimos* ayer' en lugar de '*vinimos* ayer'.

**vermut.** Aplicaremos esta grafía a la voz francesa *vermouth*, tomada del alemán *wermut* (ajenjo). Su plural será 'vermuts', así, en redondas.

***versus,*** preposición del latín que con el uso ha adquirido el significado de 'contra', aparecerá en itálicas cuando no sea pertinente sustituirla por 'contra'. Su abreviatura irá también en cursivas y con minúsculas rematadas con punto: *vs.*

**vía** no debe figurar en el sentido de *mediante*, *por medio de*, *a través de*, *a causa de*, *gracias a*, etcétera. Es incorrecto escribir: "mandó el paquete 'vía' su asistente", "se enriqueció 'vía' el fraude", "se enteró de la noticia 'vía' una filtración". En estos casos, prefiérase: "mandó el paquete *con*" o "por *medio de*"; "se enriqueció *mediante*", "se enteró *por*", etcétera. Sólo aceptaremos dicha palabra en este tipo de expresiones si se halla contenida en una declaración o documento, pero siempre anteponiéndole la preposición 'por': "El diputado habló 'por vía' telefónica con el gobernador".

**viacrucis.** Aunque es correcto escribir igualmente 'vía crucis', recurriremos a una sola palabra.

**video, videoclip** y **videocasetera** se registrarán tal como aparecen aquí, en redondas.

***vip*** es una voz que fue tomada del inglés ***v**ery **i**mportant **p**erson*. Como la encontraremos cada vez más usada en el medio comercial, tendremos que admitirla, pero en itálicas y sólo cuando resulte indispensable.

***vis a vis*** es una locución francesa que significa 'cara a cara, sin intermediarios', y que, pese a haber sido castellanizada, conservaremos en cursivas. No se aceptará con 'b' (*bis a bis*) ni con guiones (*vis-a-vis*).

**víspera** es lo más apropiado para referirse al 'día de ayer', o al día inmediatamente anterior a un acontecimiento: "La 'víspera' de su muerte, yo hablé con él", en tanto que 'vísperas' denota una etapa previa que puede ser prolongada: "En 'vísperas' de su viaje, pasó unos días de vacaciones en Italia".

**vodevil.** La castellanización del término francés *vaudeville* ya tiene un uso amplio entre los hispanohablantes. Irá en redondas.

**voleibol.** Aunque en algunos países suele escribirse 'vóleibol', 'vólibol', 'volibol', 'voleybol', 'volleyball' o 'balonvolea', sólo utilizaremos 'voleibol'.

**voseo.** Eliminaremos el voseo de España y de varios países sudamericanos, que prevalece también en algunas regiones de Tabasco y Chiapas, cuando no se trate de reproducción de obras literarias, documentos y declaraciones relevantes donde respetarlo tenga sentido. Si un reportero o corresponsal escucha expresiones como '*vos* no *tenés* adónde ir', escribirá: '*tú* no *tienes* adónde ir'.

## W

**web.** Este neologismo, que se traduce como 'red', es admitido con dos significados: como red mundial de comunicaciones en internet, caso en el que llevará mayúscula: "La 'Web' da acceso a todo"; y como sitio o página electrónica, sentido con el cual irá en minúscula: "Lo leí en el sitio 'web' de **Proceso**". Siempre en rectas.

**wéstern,** con tilde, es una incorporación al castellano que nos permite registrar este término en redondas. Su plural será 'wésterns'.

**whisky** tendrá esta grafía en rectas, en vez de la castellanización académica 'güisqui', que sigue encontrando mucha resistencia en México.

## X

**Xalapa.** El nombre oficial de esta ciudad veracruzana es 'Xalapa', con 'x', no 'Jalapa', por lo que desecharemos esta última forma. Estaremos obligados, sin embargo, por la fuerza del uso, a emplear el gentilicio 'jalapeños', con 'j'.

**xenofobia** significa 'odio u horror a los extranjeros', en tanto que 'xenofilia' expresa la idea contraria: 'simpatía hacia los extranjeros'. Quienes esos sentimientos tienen son, respectivamente, 'xenófobos' y 'xenófilos'.

# y

**yacusi** se incorporará en rectas a nuestra escritura en vez de la voz inglesa *jacuzzi.*

**Yakarta,** no 'Jakarta', será la grafía que aplicaremos a la capital de Indonesia.

**yanqui,** estadunidense, aparecerá en redondas, en lugar de *yankee*.

**yerba.** Aceptaremos esta palabra al referirnos a la 'yerba mate' y a la 'mariguana', pero en general escribiremos 'hierba'. (Ver **hierba** y **hierbabuena.**)

**yerro** es 'falta o delito, equivocación cometida por descuido'; también, sinónimo de error ("los 'yerros' del gobierno") y forma verbal de errar ("yo 'yerro' ahora con frecuencia, como tu 'errabas' hace tiempo"). No debe escribirse 'yerro', sino 'hierro', cuando se haga referencia al metal.

**yidis,** en rectas, es una bienvenida propuesta de adaptación de la voz inglesa *yiddish*.

***yihad,*** arabismo que indica una 'guerra santa de los musulmanes', irá en itálicas.

**yogur.** Esta castellanización se ha ido extendiendo, y ya resulta conveniente adoptarla en vez de *yoghurt*. Su plural será 'yogures'.

**yo soy de los que** es una construcción que exige un verbo plural, a pesar del aparente sentido singular de la oración. La razón es que, en este caso, el sujeto no es 'yo' (singular), sino ‘los’ (plural). Debe escribirse, en consecuencia, ‘*yo soy de los que* afirman’.

**yudo.** (Ver **judo.**)

***yuppie,*** voz que designa a un joven profesional en situación social privilegiada, se registrará en cursivas, al igual que *yuppismo.*

# Z

**Zimbabue** es el nombre que asumió la antigua Rodesia del Sur desde 1980. Evítese ‘Zimbabwe’.

**zíper** será nuestra grafía en lugar del anglicismo *zipper.*

**zócalo,** término de la arquitectura que señala el cuerpo inferior de un edificio, en México se emplea con frecuencia para denominar a la plaza central de una población, caso en el cual sólo llevará minúsculas, pero si se refiere a la Plaza de la Constitución del Distrito Federal comenzará con mayúscula como sustituto del nombre: ‘Zócalo’.

**zodiaco** puede ir con o sin tilde. Aquí eliminaremos el acento, como en ‘policiaco’, pero usaremos mayúscula: ‘Zodiaco’.

**zombi** escribiremos, no ‘zombie’.

**zonzo.** Ver **sonso**.

***zoom.*** A pesar de que esta palabra ya se ha trasladado al español como ‘zum’, optamos por la original, *zoom*, en cursivas, mientras aquélla no sea de uso frecuente.

# XI. Léxico

En esta parte del manual consignaremos, en la columna de la izquierda, algunas de las formas de escritura equívoca o dudosa, y, a la derecha, las expresiones correctas o aquellas que preferiremos de acuerdo con las normas, políticas y criterios adoptados en la presente obra. Las voces registradas a la izquierda no siempre son errores: puede tratarse también de usos inconvenientes que descartamos pero que, en otro proyecto editorial, podrían tener cabida. En consecuencia, la columna de la derecha registrará las formas correctas o las que adoptaremos en aras de la uniformidad y la congruencia. El orden horizontal o consecutivo en que fueron escritos los vocablos o expresiones de la columna de la derecha indican una preferencia, de modo que, si en una sola línea existen tres palabras, privilegiaremos en la escritura la primera, podremos dar cabida a la segunda, y sólo en última instancia aceptaremos la tercera.

| SUELE ESCRIBIRSE | ESCRIBIREMOS |
|---|---|
| abceso | absceso |
| absolber | absolver |
| (en lo) absoluto | en absoluto |
| absorver | absorber |
| alaraca | alharaca |
| álbums | álbumes |
| alguna ocasión | en alguna ocasión |
| aproximarse hacia | aproximarse a |
| a quema ropa | a quemarropa |
| atravezar | atravesar |
| avisor | avizor |
| bajo relieve | bajorrelieve |

| SUELE ESCRIBIRSE | ESCRIBIREMOS |
|---|---|
| balacear | balear |
| (en) base a, con base a | con base en, basado en |
| betavel | betabel |
| bonísimo | buenísimo |
| boom | *boom* |
| boutique | tienda de ropa, *boutique* |
| brisna | brizna |
| budget | presupuesto, adelanto, anticipo, *budget* |
| buho | búho |
| calisa | caliza |
| cameral, bicameral | camaral, bicamaral |
| camouflar | disfrazar, ocultar, camuflar |
| (a) causa que | a causa de que |
| chauvinismo | chovinismo |
| cirujía | cirugía |
| claxons | cláxones |
| clipes | clips |
| clisé | cliché |
| clown | cómico, payaso, *clown* |
| clubs | clubes |
| cognac | coñac |
| comparecimiento | comparecencia |
| concretizar | concretar |
| (a) condición que | a condición de que |
| condiciones bajo las cuales | condiciones en las cuales |
| conservatismo | conservadurismo |
| contraceptivo | anticonceptivo |
| cónyugue | cónyuge |
| cualquiera sea | cualquiera que sea |
| dar a basto | dar abasto |
| darse a la fuga | fugarse |
| debacle | desastre, ruina, debacle |
| decidia | desidia |
| defeccionar | desertar, abandonar |
| desaveniencia | desavenencia |
| destroyer | destructor, *destroyer* |

| SUELE ESCRIBIRSE | ESCRIBIREMOS |
|---|---|
| deveras, de a deveras | de veras |
| diario (cada día) | a diario, diariamente |
| dilettante | diletante |
| diólos | diolos |
| disgresión | digresión |
| disque, diz que | dizque |
| Ejecutivo (presidente, gobernador) | jefe del Ejecutivo |
| enegrecer | ennegrecer |
| enoblecer | ennoblecer |
| enquencle | enclenque |
| erario público | erario, tesoro público |
| eregir | erigir |
| erupto | eructo |
| escaramusa | escaramuza |
| escencia | esencia |
| esición | escisión |
| espectación, espectante | expectación, expectante |
| espúreo | espurio |
| estadounidense | estadunidense |
| ésto | esto |
| exaustivo | exhaustivo |
| excento | exento |
| excéptico | escéptico |
| exencionar | eximir |
| exhonerar | exonerar |
| exhorbitante | exorbitante |
| exhuberante | exuberante |
| exitar | excitar |
| exorcisar | exorcizar |
| extentóreo | estentóreo |
| fascineroso | facineroso |
| films | filmes |
| financía | financia |
| fisionómico | fisonómico |
| flirt, *flirt* | coqueteo, seducción, flirteo |
| folders | carpetas, expedientes, fólders |
| forceps | fórceps |
| fraticida | fratricida |

| SUELE ESCRIBIRSE | ESCRIBIREMOS |
|---|---|
| futil | fútil |
| gabeta | gaveta |
| gaseoducto | gasoducto |
| geiser | géiser |
| gestionador | gestor |
| gigoló | *gigoló* |
| *glamour* | glamur |
| gorgeo | gorjeo |
| grajea | gragea |
| grandielocuencia | grandilocuencia |
| *guignol* | guiñol |
| harakiri, hara-kiri | haraquiri |
| hechar | echar |
| hilación | ilación |
| hispanoparlante | hispanohablante |
| hobby | pasatiempo, afición, distracción, *hobby* |
| hot dog | *hot dog* |
| huída | huida |
| humidificar | humedecer |
| instrumentar | planear, proyectar, ejecutar, poner en práctica, aplicar, preparar (según el sentido de 'instrumentar') |
| (al) interior de | en el interior de |
| (en el) interior del país | en los estados, dentro del país |
| iranís, iranios | iraníes |
| itsmo | istmo |
| iva | iba |
| jaliciense | jalisciense |
| jelatina, jaletina | gelatina |
| jenuflexión | genuflexión |
| jeringonza | jerigonza |
| jiba | giba, joroba |
| kaki | caqui |
| kepí, kepis, quepis | quepí |
| librísimo | libérrimo |
| *limousine* | limosina |
| linóleum | linóleo |
| *magazine* | revista |

| SUELE ESCRIBIRSE | ESCRIBIREMOS |
|---|---|
| malthusiano | maltusiano |
| medula | médula |
| microfilms | microfilmes |
| miserísimo | misérrimo |
| mísil, missil | misil |
| neoyorkino | neoyorquino |
| New Jersey | Nueva Jersey |
| New Mexico | Nuevo México |
| New York | Nueva York |
| noblísimo | nobilísimo |
| nuevísimo | novísimo |
| obtruccionar | obstruir |
| oceano | océano |
| olán | holán |
| olla a presión | olla de presión |
| pábilo | pabilo |
| Pakistán | Paquistán |
| panificadora | panadería |
| partidarismo | partidismo |
| perfeccionable | perfectible |
| pergueñar, pergueño | pergeñar, pergeño |
| polícromo | policromo |
| polucionar | contaminar |
| portorriqueño | puertorriqueño |
| preveer, prevee | prever, prevé |
| priísta | priista |
| promocionar | promover, anunciar, dar publicidad a algo, realizar una promoción |
| propugnar por cambios | propugnar cambios |
| pulimiento | pulimento |
| quid | esencia, motivo, *quid* |
| quirúrjico | quirúrgico |
| raptador | raptor |
| recisión | rescisión |
| redactor en jefe | redactor jefe, jefe de redacción |
| reforzamiento | refuerzo |
| (estar) seguro que | estar seguro de que |
| similaridad | similitud |
| *skies* | esquís |

| SUELE ESCRIBIRSE | ESCRIBIREMOS |
| --- | --- |
| *sourmenage* | agotamiento, cansancio |
| spaghetti | espagueti |
| spot | espot, *spot* |
| spray | espray, *spray* |
| stalinismo, stalinista | estalinismo, estalinista |
| stress | estrés |
| sublimizar | sublimar |
| subscripción | suscripción |
| substancia | sustancia |
| substitución | sustitución |
| substracción | sustracción |
| substrato | sustrato |
| suite | *suite* |
| (los) superávits | (los) superávit |
| supertición, superticioso | superstición, supersticioso |
| *suspense* | suspenso |
| *technicolor* | tecnicolor |
| ternísimo | tiernísimo |
| ticket | boleto, talón, pase, entrada, *ticket* |
| *toilette* | tocador |
| trailer | tráiler |
| translucirse | traslucirse |
| transnacional | trasnacional |
| underground | marginal, clandestino, *underground* |
| valet parking | mozo de estacionamiento, *valet parking* |
| vertir | verter |
| violoncelo | violonchelo |
| walkie-talkie | *walkie-talkie* |
| *water* | excusado, retrete, baño, lavabo |
| westerns | *westerns* |
| zenital | cenital |

# Apéndice: Siglas y acrónimos

| | |
|---|---|
| AFP | Agencia France-Press |
| AI | Amnistía Internacional |
| AID | Asociación Internacional de Desarrollo |
| Alalc | Asociación Latinoamericana de Libre Comercio |
| AMB | Asociación Mundial de Boxeo |
| ANSA | Agenzia Nazionale Stampa Associatta |
| AP | Associated Press |
| Bancomext | Banco Nacional de Comercio Exterior |
| Banrural | Banco Nacional de Crédito Rural |
| Banxico | Banco de México |
| BBC | British Broadcasting Corporation |
| BID | Banco Interamericano de Desarrollo |
| BM | Banco Mundial |
| BMV | Bolsa Mexicana de Valores |
| Canacintra | Cámara Nacional de la Industria de la Transformación |
| CCE | Consejo Coordinador Empresarial |
| CE | Comisión Europea |
| CEE | Comunidad Económica Europea |
| Celam | Conferencia Episcopal Latinoamericana |

| | |
|---|---|
| Cepal | Comisión Económica para América Latina |
| CFE | Comisión Federal de Electricidad |
| CIA | Central Intelligence Agency (Agencia Central de Inteligencia) |
| CIDE | Centro de Investigación y Docencia Económicas |
| CIOSL | Confederación Internacional de Organizaciones Sindicales Libres |
| CMB | Consejo Mundial de Boxeo |
| CNBV | Comisión Nacional Bancaria y de Valores |
| CNC | Confederación Nacional Campesina |
| CNPI | Coordinadora Nacional de Pueblos Indígenas |
| CNPP | Confederación Nacional de la Pequeña Propiedad |
| CNTE | Coordinadora Nacional de Trabajadores de la Educación |
| COI | Comité Olímpico Internacional |
| Conaculta | Consejo Nacional para la Cultura y las Artes |
| Conacyt | Consejo Nacional de Ciencia y Tecnología |
| Conasupo | Compañía Nacional de Subsistencias Populares |
| Concamin | Confederación de Cámaras Industriales |
| Concanaco | Confederación de Cámaras Nacionales de Comercio |
| Coparmex | Confederación Patronal de la República Mexicana |
| CROC | Confederación Revolucionaria de Obreros y Campesinos |
| CTM | Confederación de Trabajadores de México |
| DEG | Derechos Especiales de Giro |
| DF | Distrito Federal |
| DIF | Sistema Nacional para el Desarrollo Integral de la Familia |
| Dina | Diesel Nacional |
| EAU | Emiratos Árabes Unidos |

| | |
|---|---|
| EFE | Agencia Española de Noticias |
| EMP | Estado Mayor Presidencial |
| EPR | Ejército Popular Revolucionario |
| Eta | Euskadi ta Askatasuna (País Vasco y Libertad) |
| EZLN | Ejército Zapatista de Liberación Nacional |
| FAO | Organización de las Naciones Unidas para la Alimentación y la Agricultura |
| FBI | Federal Bureau of Investigation (Oficina –o Departamento– Federal de Investigación) |
| Ferronales | Ferrocarriles Nacionales de México |
| FIFA | Federación Internacional de Futbol Asociación |
| FMI | Fondo Monetario Internacional |
| Fobaproa | Fondo Bancario de Protección al Ahorro |
| FSTSE | Federación de Sindicatos de Trabajadores al Servicio del Estado |
| FZLN | Frente Zapatista de Liberación Nacional |
| GATT | Acuerdo General sobre Aranceles Aduaneros y Comercio |
| GMT | Greenwich Mean Time (hora de Greenwich) |
| IBM | International Business Machines Corporation |
| IMP | Instituto Mexicano del Petróleo |
| IMSS | Instituto Mexicano del Seguro Social |
| INAH | Instituto Nacional de Antropología e Historia |
| INBA | Instituto Nacional de Bellas Artes |
| Inco | Instituto Nacional del Consumidor |
| INEA | Instituto Nacional para la Educación de los Adultos |
| Infonavit | Instituto del Fondo Nacional de la Vivienda para los Trabajadores |
| INI | Instituto Nacional Indigenista |
| ININ | Instituto Nacional de Investigaciones Nucleares |

| | |
|---|---|
| IPS | Inter Press Service |
| IRA (ERI) | Ejército Republicano Irlandés |
| ISSSTE | Instituto de Seguridad y Servicios Sociales para los Trabajadores del Estado |
| ITT | International Telephone & Telegraph Corporation |
| Nafin | Nacional Financiera |
| Nafinsa | Nacional Finaciera, S.A. |
| NASA | Administración Nacional para la Aeronáutica y el Espacio |
| *NYT* | *The New York Times* |
| OCDE | Organización para la Cooperación y el Desarrollo Económico |
| OEA | Organización de Estados Americanos |
| OIC | Organización Internacional de Comercio |
| OIT | Organización Internacional del Trabajo |
| OLP | Organización para la Liberación de Palestina |
| OMC | Organización Mundial de Comercio |
| OMS | Organización Mundial de la Salud |
| ONEFA | Organización Nacional Estudiantil de Futbol Americano |
| ONU | Organización de las Naciones Unidas |
| OPAEP | Organización de Países Árabes Exportadores de Petróleo |
| OPEP | Organización de Países Exportadores de Petróleo |
| OTAN | Organización del Tratado del Atlántico Norte |
| OTI | Organización de Televisoras Iberoamericanas |
| OUA | Organización para la Unidad Africana |
| PAN | Partido Acción Nacional |
| PARM | Partido Auténtico de la Revolución Mexicana |
| PCE | Partido Comunista de España |
| PDM | Partido Demócrata Mexicano |
| Pemex | Petróleos Mexicanos |
| PFCRN | Partido del Frente Cardenista de Reconstrucción Nacional |

| | |
|---|---|
| PGR | Procuraduría General de la República |
| PIB | Producto Interno Bruto |
| PNB | Producto Nacional Bruto |
| PP | Partido Popular |
| PPS | Partido Popular Socialista |
| PRI | Partido Revolucionario Institucional |
| PRT | Partido Revolucionario de los Trabajadores |
| PSD | Partido Social Demócrata |
| PSOE | Partido Socialista Obrero Español |
| PT | Partido del Trabajo |
| PVEM | Partido Verde Ecologista Mexicano |
| RAF | Royal Air Force (Real Fuerza Aérea del Reino Unido) |
| Sagarpa | Secretaría de Agricultura, Ganadería, Desarrollo Rural, Pesca y Alimentación |
| SALT | Conversaciones para la Limitación de Armas Estratégicas |
| SCT | Secretaría de Comunicaciones y Transportes |
| SE | Secretaría de Economía |
| Secodam | Secretaría de la Contraloría y Desarrollo Administrativo |
| Sectur | Secretaría de Turismo |
| Sedena | Secretaría de la Defensa Nacional |
| Sedesol | Secretaría de Desarrollo Social |
| Segob | Secretaría de Gobernación |
| Sela | Sistema Económico Latinoamericano |
| Semar | Secretaría de Marina |
| Semarnat | Secretaría del Medio Ambiente y Recursos Naturales |
| Sener | Secretaría de Energía |
| SEP | Secretaría de Educación Pública |
| SFP | Secretaría de la Función Pública |
| SHCP | Secretaría de Hacienda y Crédito Público |
| SME | Sindicato Mexicano de Electricistas |
| SNTE | Sindicato Nacional de Trabajadores de la Educación |
| SRA | Secretaría de la Reforma Agraria |
| SRE | Secretaría de Relaciones Exteriores |
| SS | Schutzstaeffel (policía política del régimen nazi) |

| | |
|---|---|
| Ssa | Secretaría de Salud |
| SSP | Secretaría de Seguridad Pública |
| STC-Metro | Sistema de Transporte Colectivo-Metro |
| STPRM | Sindicato de Trabajadores Petroleros de la República Mexicana |
| STPS | Secretaría del Trabajo y Previsión Social |
| STUNAM | Sindicato de Trabajadores de la Universidad Nacional Autónoma de México |
| SUTERM | Sindicato Único de Trabajadores Electricistas de la República Mexicana |
| SWAPO | Organización Popular del África del Sud-Oeste |
| Telmex | Teléfonos de México |
| UAM | Universidad Autónoma Metropolitana |
| UE | Unión Europea |
| UNAM | Universidad Nacional Autónoma de México |
| UNCTAD | Conferencia de las Naciones Unidas sobre Comercio y Desarrollo |
| UNESCO | Oganización de las Naciones Unidas para la Educación, la Ciencia y la Cultura |
| UNICEF | Fondo Internacional de las Naciones Unidas para la Ayuda a la Infancia |
| UPI | United Press International |

Este libro de terminó de imprimir en septiembre de 2009
en Editorial Esfuerzo, S.A. de C.V., en la calle de Esfuerzo Número 16,
colonia Lázaro Cárdenas, Naucalpan, Estado de México.
Tiraje: 2,000 ejemplares.
Tipografía: Times Std 11/12